Die

Urſachen der Teuerung

Eine Studie

von

Eduard Wilhelm Sand

Gerichtsreferendar a. D.

Verlag von Duncker & Humblot
München und Leipzig 1913

Alle Rechte vorbehalten.

Altenburg
Pierersche Hofbuchdruckerei
Stephan Geibel & Co.

Meinen lieben Eltern

gewidmet.

Vorwort.

Der Zweck der nachfolgenden Betrachtung ist nicht, eine erschöpfende Darstellung dieses für unsere Volkswirtschaft wichtigsten und auch wohl schwierigsten Problemes geben zu wollen. Es ist nur der Versuch gemacht, auf alle diejenigen Faktoren hinzuweisen, die als Ursachen der Teuerung unmittelbar in Frage kommen können.

Besonderer Umstände halber kommen diese Ausführungen, die im Frühjahr 1912 niedergeschrieben sind, erst ein Jahr später zur Veröffentlichung. Hieraus erklärt sich, daß manches bereits in Erfüllung gegangen, was im Text erst vorausgesagt wird, so z. B. vor allem die inzwischen eingetretene sehr erhebliche Fleischteuerung.

Sand.

Inhaltsverzeichnis.

	Seite
Begriff der Teuerung	1
Das perpetuum mobile in der Preisbewegung	2
Die Waren	6
Die auf seiten der Waren liegenden Ursachen der Teuerung	9
Die Teuerung vom Beginn des 20. Jahrhunderts bis zur Gegenwart	21
a) Die Wohnungsfrage	22
b) Die Lebensmittelfrage	27
c) Der Handel	40
d) Die Geldentwertung	44
Schluß	57

Begriff der Teuerung.

Die Teuerung ist der Zustand im Wirtschaftsleben, in dem die Preise der Waren so hoch sind, daß wir Gefahr laufen, die Bedürfnisse des täglichen Lebens nicht befriedigen zu können; das Vermögen, das uns zur Verfügung steht und eine Geldsumme darstellt, ist nicht ausreichend. Die Teuerung existiert also nur für den Konsumenten, soweit dieser auf den Gebrauch und Verbrauch wirtschaftlicher Güter angewiesen ist, nicht auch für den Produzenten oder Fabrikanten. Selbstverständlich sind diese auch in mancher Beziehung Konsumenten. Die Teuerung ist also ein subjektiver Zustand. Und so müssen wir uns bei der folgenden Betrachtung auf den rein subjektiven Standpunkt des Konsumenten stellen und die Gründe und Ursachen betrachten, die ihm die Beschaffung der wirtschaftlichen Güter erschweren oder sogar in Frage stellen.

Die Preise stellen eine Geldsumme dar, durch deren Hingabe wir die wirtschaftlichen Güter, — die wir kurz Waren nennen wollen, — erwerben. Während in weit zurückliegenden Zeiten der Konsument die Waren, die er zum Ge- oder Verbrauch benötigte, zunächst sich selbst herstellte, dann später durch Hingabe anderer Waren erlangte, kann er heute seinen Bedarf an Waren nicht mehr durch Eintausch von Waren decken. Die Arbeitsteilung und das rechtlich geschützte Privateigentum haben die moderne Geldwirtschaft unentbehrlich gemacht und ein wirtschaftliches Gut geschaffen, dessen Besitz und Hingabe es jedem ermöglicht, alles was er begehrt, zu erlangen. Heute ist alles käuflich. Wer daher ganz sicher gehen will, daß ihm alles, was er braucht und begehrt, erreichbar ist, muß sich zunächst in den Besitz einer genügenden Menge dieses allbeschaffenden wirtschaftlichen „Mittelsgutes", des Geldes, setzen. Das Geld veranlaßt auch den Verkäufer, richtiger den Eigentümer der Waren, seine Ware gegen den Empfang von Geld hinzugeben, denn er selbst kann ohne Geld auch nicht leben. So zwingt das Geld uns arme Menschen, es zu geben und zu nehmen; wir sind, ohne daß wir es gemerkt haben, seine Sklaven geworden.

Das Geld ist fast wichtiger als die Ware selbst; denn es kommt in erster Reihe. Erst muß Geld da sein, dann haben wir auch die Möglichkeit, Ware zu erwerben. Daher berechnen wir auch unser Vermögen in Geld;

sein Hauptwert beruht darauf, daß wir es zu Geld machen können, ganz oder vielmehr nach und nach, und daß wir dann auf diesem Wege durch Vermittelung des Geldes die Ware erlangen, die wir gebrauchen. Denn durch direkten Tausch werden wir schwerlich alles das erhalten, was wir brauchen. Daher ist auch der Preis, d. h. der Teil einer Vermögenseinheit, den man hingeben muß, um für ihn eine gewisse Ware zu erlangen, stets eine Geldsumme, selbst in dem Falle, in dem wir Ware gegen Ware eintauschen, da wir nur durch Umrechnung sowohl des Vermögens als auch der Ware in Geld feststellen können, einen wie großen Teil der Vermögenseinheit wir zur Erlangung der begehrten Ware hingegeben haben. Welche Summe wir als Vermögenseinheit betrachten, ist hierbei ganz gleichgültig. Im gewöhnlichen Leben nehmen wir als Vermögenseinheit die Geldeinheit unseres Geldsystems, die Mark, an. Dann stellt der Preis gewöhnlich ein Vielfaches der Vermögenseinheit dar. Es ist nicht lange her, wo man in Deutschland nach Talern rechnete. Ebenso wären auch größere Summen, wie 100 oder 1000 Mk., als Geld= und Vermögenseinheit — wenn auch nicht praktisch — so doch denkbar.

Je größer nun die Teile des Vermögens, die wir zur Erlangung der einzelnen Waren hingeben, mit anderen Worten die Preise werden, um so weniger wird unser Vermögen zur Befriedigung derselben Lebensbedürfnisse wie vorher ausreichen; in diesem Falle sprechen wir von einer eingetretenen Teuerung. Wie kommt es nun, daß die Preise der Waren steigen und so hoch werden, daß man von einer Teuerung spricht? Zur Beantwortung dieser Frage müssen wir zunächst auf das Wesen der Waren und des Geldes näher eingehen.

Das perpetuum mobile in der Preisbewegung.

Die Ware ist ein wirtschaftliches Gut, das uns zur Befriedigung von Lebensbedürfnissen dient. Das Wasser, das Sonnenlicht und die Luft dienen uns auch zur Befriedigung von Lebensbedürfnissen, aber sie sind kein wirtschaftliches, kein im Wege der Wirtschaft entstandenes Gut und daher keine Ware. Freilich können sie durch letzteres Moment zur Ware werden; man denke an Mineralwasser, flüssige Luft usw. Indem jede Ware ein Bedürfnis befriedigen kann, verkörpert sie in sich einen Nutzen. Und dieser Nutzen bedeutet den wirtschaftlichen Wert der Ware. Der wirtschaftliche Wert bestimmt sich aber nicht nach dem Nutzen allein, sondern vor allem auch nach der größeren oder geringeren Schwierigkeit, die sich ihrer Beschaffung entgegenstellt. Wäre dies nicht richtig, so müßte doch der Wert der Lebensmittel im Verhältnis zu den übrigen Waren ganz unverhältnismäßig hoch sein, denn ihr Nutzen ist so groß, daß ihr Nichthaben unser Sein vernichtet. So aber ist der Wert eines Kleides ungleich größer als der eines Brotes. Die größere oder geringere Schwierigkeit, die sich der Beschaffung der Ware entgegenstellt, beruht vor allem in dem verschiedenartigen Verhältnis von Angebot und Nachfrage[1].

Parallel mit dem Werte der Ware geht der Preis der Ware. Es ist selbstverständlich, daß man für etwas, das einem mehr Nutzen bringt, gern einen größeren Teil seines Vermögens hingibt, als für eine Ware, deren Nutzen nicht so groß ist, desgleichen für eine Ware, deren Erlangung schwieriger, mehr in Frage gestellt ist, als für etwas, das man mit Leichtigkeit erhalten kann. — Da der Wert aber nicht allein im Nutzen der Ware noch allein in der Schwierigkeit ihrer Erlangung, sondern in der gleichzeitigen Erwägung beider Momente beruht, so bestimmt sich auch der Preis nach demselben Grundsatze. Je größer der Wert der Ware — je höher der Preis.

Aber nicht allein der Wert der Ware, auch der Wert des Geldes beeinflußt gleichzeitig neben ersterem den Preis der Ware.

Auch das Geld ist eine Ware, ein wirtschaftliches Gut, das uns zur Befriedigung von Lebensbedürfnissen dient. Bei unserer Betrachtung wollen wir aber nach wie vor unter dem Begriff Waren alle wirtschaftlichen Güter mit Ausnahme des Geldes verstehen. — Während der Nutzen der Waren in ihrem direkten Ge- oder Verbrauch beruht, dient uns das Geld nur zur mittelbaren Befriedigung von Lebensbedürfnissen. Es ist — wie Helfferich sagt[2] — ein „Mittelsgut". Der Wert des Geldes beruht auf seiner Eigenschaft als einer gewissen Summe. Die Größe dieser Summe ist für seinen Nutzen maßgebend, und zwar in der Weise, daß der Nutzen einer größeren Summe nicht nur absolut größer ist, indem ich durch sie mehr Waren erwerben kann, sondern auch relativ größer, indem ihr Besitz mir größere, mit ihrer Größe wachsende wirtschaftliche Chancen eröffnet. Wenn wir aber von einem verschieden großen Wert des Geldes sprechen, verstehen wir darunter den Unterschied des Nutzens derselben Geldsumme zu verschiedenen Zeiten oder an verschiedenen Orten. Da nun der Nutzen des

---

[1] Nach Conrad, Grundriß der polit. Ökonomie, 1. Teil, 5. Aufl., besteht der Wert der Ware aus vier Voraussetzungen: 1. der natürlichen Nutzbarkeit, 2. der Seltenheit, 3. der Dinglichkeit des Bedürfnisses, 4. des Opfers der Beschaffung des Gutes.

[2] Helfferich, Geld und Banken I, 2. Aufl., S. 541, erkennt auch als Voraussetzungen des Wertes sowohl der Ware als auch des Geldes an 1. die Fähigkeit, einem Bedürfnis zu genügen, 2. die nur unter Opfern mögliche Beschaffung.

Geldes darin besteht, daß wir mit einer gewissen Summe eine gewisse Menge Waren kaufen können, so wird dieser Nutzen und damit der Wert des Geldes dann sinken, wenn die Waren, auf deren Kauf man angewiesen ist, teurer geworden sind.

Das andere Moment, das für den Wert des Geldes ausschlaggebend ist, liegt auf seiten des Geldes und besteht in der Schwierigkeit der Beschaffung einer gewissen Summe. Auch diese Schwierigkeit der Beschaffung einer Geldsumme wächst absolut und ebenfalls relativ mit ihrer Größe.

Die Schwierigkeit der Beschaffung selbst wird — ebenso wie bei den Waren — durch das verschiedenartige Verhältnis von Angebot und effektiver Nachfrage, auf die es hier allein ankommt, bestimmt. Steht viel Geld dem freien Verkehr zur Verfügung, so wird diese Schwierigkeit kleiner, im umgekehrten Falle natürlich größer sein. Ein Hauptmoment der Geldentwertung in diesem Sinne beruht heute darauf, daß die Nachfrage nach Geld gesunken ist, da der Kontokorrent-, Giro- und Abrechnungsverkehr sowie andere ähnliche Kreditformen das Geld gerade bezüglich der größeren Summen entbehrlich macht.

Ohne direkten Einfluß auf den Wert des Geldes ist sein sogenannter „Substanzwert"[1]. Es ist ganz gleichgültig, ob Gold- oder Papiergeld mir den Nutzen des Geldes gewährleistet[2]. Nur in unruhigen Zeiten, in denen die Gefahr besteht, daß das unterwertige Geld gegen das vollwertige nicht eingelöst wird, tritt dadurch, daß das unterwertige Geld aus dem Verkehr ausscheidet, ein Sinken des Angebots und häufig gleichzeitig ein Steigen der Nachfrage nach Geld ein, da dann bares Goldgeld als die sicherste Vermögensanlage erscheint. Der Wert des Goldgeldes steigt dann enorm; wir merken das an dem Sinken der Warenpreise.

In welcher Weise beeinflußt nun der Wert des Geldes die Warenpreise? — Der verschieden große Wert des Geldes, der Geldeinheit, äußert sich darin, daß ein und dieselbe Summe in verschiedenen Fällen einen ver-

---

[1] Helfferich, Geld u. Banken I, 2. Aufl., S. 535 ff. — Bendixen, Das Wesen des Geldes, Leipzig 1908, S. 2/4/6 u. S. 20: „Der Grund der Entwertung des Geldes hat nicht am Material, sondern an der Massenhaftigkeit der Produktion gelegen."

[2] Knapp, Staatliche Geldtheorie, im „Wörterbuch der Staatswissenschaften", 3. Aufl., IV. Bd. S. 611, stellt fest, daß das Gemeinsame aller Geldarten die ostentative Geltung der Stücke ist mit der Folge, daß ... der Staat selber sie in Zahlung nimmt. „Das Geldwesen ist als ein Zweig des Zahlungswesens seiner Natur nach juristisch." Auch wenn man sich mit dieser allein juristischen Erklärung des Geldwesens nicht begnügt, muß man doch zugeben, daß der allgemeine Geldverkehr in normalen Zeiten die Geldarten nach der Substanz nicht unterscheidet.

schieben großen Nutzen gewährleistet, z. B. wenn man zu einer Zeit für 1 Mk. zwei Brote, zu einer anderen Zeit für dasselbe Geld nur eins derselben Brote erhält. Mit dem Steigen der Warenpreise infolge der auf seiten der Waren mitwirkenden Bestimmungsgründe sinkt also der Wert des Geldes.

Der Wert des Geldes hängt aber — ebenso wie der der Waren — gleichzeitig noch von der Schwierigkeit seiner Erlangung ab. Wird diese Schwierigkeit kleiner, d. h. steigt das Angebot des dem freien Verkehr zur Verfügung stehenden Geldes oder sinkt die effektive Nachfrage, so wird der Verkäufer für dieselbe Ware mit Leichtigkeit mehr Geld bekommen wie früher, d. h. mit anderen Worten, der Käufer wird für dieselbe Summe weniger Ware erhalten.

Ist nun aus einem der beiden soeben erwähnten Gründen der Wert des Geldes als einer bestimmten Summe gesunken[1], so wird sich der nächste Verkäufer sagen, daß er mit derselben Summe nicht mehr soviel Lebensbedürfnisse befriedigen kann wie früher. Da er aber entschlossen sein wird, unter dieser Entwertung des Geldes nicht zu leiden, so wird er — soweit es in seinen Kräften steht — für dieselbe Ware einen höheren Preis zu erzielen streben und auch schließlich erzielen. Dadurch, daß er aber und mit ihm alle diejenigen, die dieselbe Ware verkaufen, mit den Preisen in die Höhe gegangen sind, ist das Geld bereits wieder weniger wert geworden und reicht infolgedessen nicht mehr zur Befriedigung derselben Lebensbedürfnisse aus. Und so werden diejenigen, die auf den Konsum der teurer gewordenen Ware angewiesen sind und selbst Waren zu verkaufen haben, nun auch ihrerseits mit den Preisen in die Höhe gehen, da auch sie ihre Bedürfnisse nicht einschränken wollen und daher für ihre Waren einen höheren Erlös erzielen müssen, als es bisher nötig war. Durch diese Handlungsweise wird nun aber bereits wieder der vorher erwähnte Verkäufer zu einer Preissteigerung veranlaßt. So geht es weiter; ein Preis treibt den andern in die Höhe. Diese Bewegung der Preissteigerung, die als die Hauptursache der Teuerung anzusehen ist, gleicht der eines perpetuum mobile, das einmal in Bewegung gesetzt immer weiter fortläuft, vorausgesetzt, daß sich ihm nicht Hindernisse in den Weg stellen. Letzteres ist die Voraussetzung dieser Bewegung; es dürfen weder auf seiten der Waren noch auf seiten des

---

[1] Helfferich, a. a. O. S. 542 u. 548, bestimmt die Höhe des Geldwertes auch nach zwei Gesichtspunkten. Er unterscheidet a) „die Kaufkraft" und b) „den inneren Tauschwert" des Geldes. Er bestimmt diesen letzteren nach der Gestaltung von Angebot und Nachfrage als den auf seiten des Geldes allein für den Geldwert ausschlaggebenden Bestimmungsgründen.

Geldes neue Umstände hinzukommen, die entweder die Warenpreise herab=
drücken oder den Geldwert steigern.

Aber gerade unsere heutige Zeit bietet ein prägnantes Beispiel dafür,
wie die Preissteigerung einzelner Waren durch besondere Momente aufgehalten
wird. So beobachten wir, daß einzelne Waren — vor allem Fabrikate —
der Bewegung des perpetuum mobile in Bezug auf die Preissteigerung
nicht folgen, im Gegenteil mitunter noch billiger werden. Das beruht einer=
seits auf der Verbilligung ihrer Produktionskosten, und anderseits auf dem
über die Nachfrage nach ihnen emporsteigenden Angebot.

Als letzte Gruppe der die Warenpreise erhöhenden Momente sind nebst
dem steigenden Waren= und dem sinkenden Geldwert nun noch die außer=
halb des Wertes auf seiten der Waren liegenden Bestimmungsgründe zu
erwähnen. Hierunter fallen die wachsenden Produktionskosten der Waren,
der steigende Unternehmergewinn, die die Waren belastenden Verbrauchs=
steuern, Zölle und andere ähnliche Momente.

Die Waren.

Wenn wir nun die Waren und mit ihnen die auf ihrer Seite für
ihren Preis liegenden Bestimmungsgründe betrachten, so kommt zunächst
ihre Entstehungsweise und ihr Werdegang bis zu ihrem Verkauf in Frage.
Im Anschluß daran werden wir feststellen, daß gewisse Waren sowohl zu
früheren Zeiten als auch insbesondere heute so hohe Preise haben, daß man
von einer Teuerung sprechen kann. Und schließlich werden wir dann die
Ursachen dieser hohen Warenpreise im einzelnen näher ins Auge fassen.

Waren, d. h. wirtschaftliche Güter, können sowohl bewegliche als auch
unbewegliche Sachen, körperliche wie auch unkörperliche Dinge sein. Sehen
wir einstweilen von den unbeweglichen Waren, vor allem also den Grund=
stücken, ab. Waren sind nur wirtschaftliche Güter, d. h. solche, die im Wege
eines wirtschaftlichen Unternehmens gewonnen oder hergestellt werden. Je
nachdem Waren in dem Zustande, in dem die Natur sie uns darbietet, oder
erst nach einer gewissen Be= oder Verarbeitung in den Handel kommen,
unterscheidet man sie in Rohprodukte, Halbfabrikate und Fabrikate. Aber
selbst die einfachsten Rohprodukte setzen in ihrer Eigenschaft als Handels=
ware, eine gewisse unternehmerische Arbeit voraus. Die unternehmerische
Tätigkeit ist auch eine verschiedene, teils einfacher, teils komplizierter Natur.
Am einfachsten ist diese Tätigkeit, wenn der Unternehmer selbst ohne Hilfs=
kräfte und ohne Werkzeuge die Waren durch Arbeit aus der Natur gewinnt
— man denke an den Pächter eines Obstgartens —. Aber in der Überzahl

Die Waren.

der Fälle muß man der Natur erst selbst etwas geben, damit sie wiedergibt. Und auch dann schüttet sie ihre Gaben nur selten in unsern Schoß, — wir müssen ihr in schwerer Arbeit ihre Früchte abringen. Dazu brauchen wir Hilfskräfte, Hilfswerkzeuge, Anlagen und Gebäude und Organisation. Und das alles kostet Geld und hat selbst wieder viel Unkosten im Gefolge. Berechnen wir hiernach die Selbstkosten des Unternehmers, einschließlich desjenigen, der Fabrikate herstellt, so bestehen sie aus folgenden hauptsächlichen Bestandteilen:

1. aus den Kosten für die Waren, die im Unternehmen verbraucht werden, z. B. Aussaat, Dünger, Rohstoff, Elektrizität usw.;
2. aus den Kosten für die menschlichen Arbeitskräfte, die im Unternehmen verbraucht werden, also den Arbeitslöhnen;
3. aus den Kosten für die Werkzeuge, Maschinen, Gebäudeanlagen, einschließlich des hierfür erforderlichen Grund und Bodens und der Tiere, die für das Unternehmen gebraucht und durch Abnutzung allmählich auch verbraucht werden.

Da jedes Unternehmen mit seinem Wert, der in ihm verkörpert ist, durch Unglücksfälle der Gefahr ungeheurer Verluste ausgesetzt ist, kommen als weitere wesentliche Bestandteile des Selbstkostenpreises der Waren, hinzu

4. die Prämien, die der Unternehmer zum Zwecke der Versicherung gegen Feuer, Unfall, Hagel, Einbruchsdiebstahl usw. zahlen muß.

Da weiter die überwiegende Mehrzahl der modernen Unternehmen entweder teilweise, sehr häufig aber auch ganz auf dem Kredit aufgebaut sind, so bedeutet die Tatsache, daß derartige Unternehmer existieren können und von denen, die billiger wirtschaften, nicht erdrückt worden sind, ein weiteres, den Warenpreis erhöhendes Moment. Nicht nur diejenigen, die tatsächlich die Zinsen für das zu ihrem Unternehmen verwandte Geld herauswirtschaften müssen, auch diejenigen, die keinen Kredit benötigen, sind in der Lage die Verzinsung ihres Unternehmens den Selbstkosten hinzuzurechnen[1]. Fast in allen Erwerbszweigen sind heute Unternehmungen, die vollständig auf Kredit basieren, existenzfähig. Daher sind ein weiterer Bestandteil der Selbstkosten

5. die Zinsen, die dem Gesamtwerte des Unternehmens entsprechen.

Zu den Selbstkosten gehören schließlich noch:

---

[1] Ebenso Conrad, „Grundriß der politischen Ökonomie" I., 5. Aufl., S. 127: „Bei Verschiedenheit der Herstellungskosten der Waren wird der Preis durch die unter den ungünstigsten Verhältnissen arbeitenden Produzenten bestimmt, die noch zur Deckung des Bedarfs herangezogen werden müssen."

6. die Steuern, Abgaben und Zölle, die entweder den Betrieb als solchen belasten oder auf den einzelnen Waren ruhen und für die der Produzent, — was fast immer der Fall ist, haftet.

Den Teil des Warenpreises, den der Produzent beim Absatz der Waren über die Selbstkosten hinaus erzielt, nennen wir den Unternehmergewinn. Diese Bezeichnung charakterisiert seine wahre Natur: er ist ein Gewinn und nicht etwa als Lohn für die vom Unternehmer in Person geleistete körperliche und geistige Arbeit anzusehen. — Der Lohn für derartige Arbeit gehört vielmehr zu Ziffer 2 der oben erwähnten Teile des Selbstkostenpreises. — Und doch kann man den Unternehmergewinn in gewissem Sinne als Lohn, besser vielleicht noch als Belohnung bezeichnen und zwar als eine Belohnung für die Dienste, die der Unternehmer mit seinem Betriebe der Gesellschaft, dem Staate und in letzter Linie dem Welthandel leistet.

Wenn insofern wohlverdient, so ist der Unternehmergewinn aber vor allem durchaus notwendig. Abgesehen davon, daß dieser Gewinn es dem Unternehmer in den meisten Fällen erst ermöglicht, ein Familienleben zu gründen, ist er der eigentlichste Faktor, der das Unternehmen überhaupt ins Leben ruft. Bei dem großen Risiko, das jedes Unternehmen trotz der weitgehendsten Versicherungen in der Gestalt aller möglicher Verluste mit sich bringt, würde jeder sein Kapital und seine Arbeitskraft viel sicherer anbringen als in dem Betriebe eines Unternehmens. Aber die Aussicht und die tatsächliche Möglichkeit, mit dem Unternehmen so viel Gewinn zu erzielen, daß nicht nur etwaige Verluste wieder ausgeglichen werden, sondern auch noch ein erheblicher Überschuß zur Vergrößerung des Vermögens bleibt, bewirkt, daß die Menschen ihr Geld und sonstiges Vermögen nicht brach liegen lassen und nur zur Befriedigung ihrer eigenen Lebensbedürfnisse verwenden, sondern daß sie für andere Menschen zu arbeiten sich entschließen.

Der Staat hat schließlich auch ein materielles Interesse daran, daß der Unternehmer über den Selbstkostenpreis der Ware hinaus einen Gewinn erzielt. Gerade die Unternehmer sind es doch, die mit ihren Steuern seine Finanzen verbessern. Sie sind es auch, die in ihrer amtlichen Tätigkeit ihm viele notwendige und nützliche Dienste leisten. Sie könnten es nicht, wenn nicht gerade der Unternehmergewinn ihnen eine Entschädigung für die Zeitversäumnis und die übrigen Unkosten wäre.

Ist sonach der Unternehmergewinn seiner Natur nach unbedingt notwendig, so erübrigt es sich hier, noch von seiner Höhe zu sprechen. Sie bestimmt sich nach der Intelligenz, der Leistungsfähigkeit des Unternehmers, der Größe des Unternehmen und des Absatzes der Waren. Die natürlichste, wichtigste Grenze ist die Konkurrenz. Persönliche Kraft, Monopole, Kartelle und Trusts können die Konkurrenz niederdrücken und den Unternehmergewinn unverhältnismäßig groß machen. Eine rechtliche, gesetzliche Grenze hat die Höhe des Unternehmergewinnes bei uns in Deutschland bisher nicht, wenn man sie nicht in der Bestimmung über den Wucher (§ 138 B.G.B.) erblicken will.

Es wäre vielleicht zweckmäßig, diese Bestimmung durch besondere Rechtsnormen speziell auf den Unternehmergewinn auszudehnen, auf jeden Fall müßte man aber dem Sachwucher im praktischen Leben mehr Aufmerksamkeit als bisher schenken.

Die auf seiten der Waren liegenden Ursachen der Teuerung.

Wir haben eben ausgeführt, daß der Wert der Ware und mit ihm der Preis in erster Linie durch ihren Nutzen und die Schwierigkeit, die sich ihrer Erlangung entgegenstellt, bestimmt wird. Daher müssen wir, bevor wir auf die Preisbildung durch Produktion und Handel eingehen, zunächst diese beiden Momente auf ihren ursächlichen Zusammenhang mit der Preissteigerung und Teuerung hin betrachten.

Die Bedeutung des Nutzen für die Preisbildung besteht darin, daß man diesen Nutzen erkennt. Die Geschichte gibt uns zahlreiche Beispiele dafür, daß Dinge, deren Wert für die Befriedigung menschlicher Bedürfnisse wir jetzt so hoch schätzen, daß wir sie garnicht entbehren zu können glauben, unerkannt und unbenutzt bei Seite gelegen haben. Ein glücklicher Entdecker oder Erfinder zog sie an das Licht der Welt —, und gleichzeitig stieg ihr Preis um 100 und noch mehr Prozent. Immerhin handelt es sich aber doch immer nur um einzelne Waren, die man schließlich entbehren kann, weil man sie solange entbehrt hat. Eine Teuerung können sie durch ihre Preissteigerung kaum herbeiführen.

Ungleich wesentlicher ist aber das zweite Moment, die Schwierigkeit der Erlangung der Waren für die Teuerung. Diese Schwierigkeit ist nicht gleichbedeutend mit dem Verhältnis eines schwachen Angebots zu einer starken Nachfrage; sie geht weiter. Die Nachfrage kann stark, das Angebot noch stärker und die Schwierigkeit, die gewünschte Ware zu erlangen, doch so groß sein, daß eine unerträgliche Teuerung ein Land heimsucht. Dies ist dann der Fall, wenn das Angebot die Nachfrage nicht erreicht, wenn sich also dem Transport der Ware unüberwindbare Hindernisse in den Weg stellen. Nicht nur in weit zurückliegender Zeit, wo es noch so gut wie gar keine brauchbaren Transportmittel und Transportwege gab, auch heute noch sind derartige

Zustände denkbar. Auch heute noch kann eine Gegend oder ein Land durch Krieg oder Seuchen so isoliert werden, daß ihm selbst das größte, das bestgemeinte Angebot nicht nützt, daß es aushungern muß. Besonders verhängnisvoll ist freilich die Schwierigkeit der Erlangung der Waren dann, wenn das Angebot unverhältnismäßig weit hinter der Nachfrage zurückbleibt. Und gerade die für die menschlichen Bedürfnisse allerwichtigsten Waren, die Lebensmittel, können am leichtesten von einem derartigen Zustande betroffen werden. Ungünstige Witterung, Unwetter, Überschwemmungen und Kriege lassen oft die Früchte der Erde gar nicht zur vollen Entwicklung kommen oder vernichten sie kurz vor der Ernte. Man denke nur an die historisch bedeutsamen Teuerungen, die in Ägypten, den Zustand Deutschlands im 30jährigen Kriege und der für Deutschland so furchtbaren Überschwemmungsjahre 1816/17[1]. Auch die allerjüngste Zeit, das Jahr 1911, gibt uns ein Beispiel dafür, wie infolge ungünstiger Witterung, nämlich allzugroßer Dürre, einzelne landwirtschaftliche Produkte so knapp und infolgedessen auch so teuer werden können, daß sich in jedem Haushalte die Teuerung bemerkbar macht. Freilich handelt es sich diesmal hauptsächlich um das wichtigste Volksnahrungsmittel, die Kartoffel. Da auch die Futtermittelernte — außer Kartoffeln und Rüben — ausblieb, so ist es erklärlich, wenn auch die animalischen Produkte wie Milch und Butter vor allem erheblich im Preise stiegen. Daß das Fleisch selbst bisher noch nicht wesentlich teurer geworden ist, beruht darauf, daß ein großer Teil der Landwirtschaft infolge der Futtermittelknappheit und Teuerung einen Teil ihres Viehes zu verkaufen sich gezwungen sah, und das Angebot von Schlachtvieh daher bisweilen verhältnismäßig zu groß war. Daß wir aber gerade infolgedessen einer baldigen erheblichen Fleischteuerung entgegensehen, läßt sich wohl mit ziemlicher Bestimmtheit voraussagen. Das Schlimmste bei dieser Lage ist, daß nicht nur Deutschland, sondern ganz Europa unter den Folgen dieser Dürre leidet und so das Angebot der in andern Erdteilen entbehrlichen Lebens- und Futtermittel sich auf ein zu großes und gerade das bevölkertste Gebiet der Erde verteilt.

Auch die in der Gegenwart sich geltend machende Teuerung eines anderen fast ebenso wichtigen wirtschaftlichen Gutes wie des eben behandelten

---

[1] In den „Basler volkswirtschaftlichen Arbeiten" (Herausgeber Stephan Bauder) Nr. 2, Stuttgart 1911, Einl. S. IV wird das Elend jener Zeit in einer Denkschrift folgendermaßen skizziert: .... „so war es noch nicht möglich, das Elend so zu mildern, daß nicht noch viele Grüsch, Gras, Wurzeln und viele andere tierische, dem Menschen ungewohnte Speisen essen mußten, um dem grausamen Hungertode zu entgehen."

— nämlich die Teuerung der Kleinwohnungen in den Städten — ist darauf zurückzuführen, daß das Angebot immer mehr hinter der Nachfrage zurückbleibt. Schuld hieran ist vor allem das unverhältnismäßig schnelle Anwachsen der Städte auf Kosten der Bevölkerungsdichtigkeit des Landes und der kleinen Landstädte. Während die Gesamtzahl der ländischen Bevölkerung z. B. in den Jahren 1871—1905 von 26 219 252 auf 25 822 481 zurückgegangen ist, ist in derselben Zeit der Anteil der Großstädte an der Bevölkerung von noch nicht $1/20$ auf $1/5$ gestiegen[1].

Da hier jedoch noch viele andere Momente mitsprechen, so werden wir auf die Wohnungsmieten bei anderer Gelegenheit zu sprechen kommen. Nur das sei noch erwähnt, daß auch die Grundstückspreise selbst, die doch die Grundlage der Wohnungsmietspreise bilden, hauptsächlich infolge der wachsenden Schwierigkeit, Grund und Boden zu erwerben, ständig steigen. Denn der Grund und Boden ist nicht vermehrbar. — Das bisher noch unbenutzt daliegende Wüstland kommt für eine Steigerung des Angebotes infolge der ungeheuren Hindernisse, die sich selbst einer allmählichen Kultivierung entgegenstellen, fast gar nicht in Frage. — Ja, der Grund und Boden, der dem privaten Handel zur Verfügung steht, wird infolge seines Verbrauches zu öffentlichen Plätzen, Straßen und Verkehrswegen ständig knapper. Und ihm gegenüber steht eine ständige Bevölkerungszunahme, die sich in höherem oder geringerem Grade fast in allen Ländern der Erde bemerkbar macht.

Während wir z. B. heute in Deutschland etwa 65 Millionen Einwohner zählen, betrug diese Zahl im Jahre 1870 erst rund 40 818 600; die Bevölkerungsziffer ist also in diesem Zeitraum um etwa 60 %, in jedem einzelnen Jahr also durchschnittlich um 1,5 % gestiegen[2]. Daß diese rapide Bevölkerungszunahme in Deutschland gleichzeitig durch Verstärkung der Nachfrage auch eine Verteuerung aller anderen Waren, die nicht nach Belieben vermehrbar sind, sondern deren Vermehrung in der natürlichen Leistungsfähigkeit der Natur ihre Grenzen findet — also vor allem der Lebensmittel —, verursacht hat, ist selbstverständlich.

Als weitere für die Preisbildung der Waren wesentliche Momente haben wir sodann die Produktionskosten und den Unternehmergewinn erkannt. Wie insbesondere letzterer durch eine unnatürliche Höhe zur Teuerung und damit zur drückendsten Not eines Volkes führen kann, zeigt uns schon das 15. und 16. Jahrhundert. Die Judenvertreibungen im 15. Jahrhundert

---

[1] Hesse, „Bevölkerung" im Wörterb. der Volkswirtschaft, 3. Aufl., I. Bd., S. 474.

[2] Elster, „Bevölkerungslehre und Bevölkerungspolitik" im Handwörterbuch der Staatswissenschaften, 3. Aufl., Bd. II, S. 926 ff.

waren hauptsächlich dadurch verursacht, daß das Land durch wucherische Geschäfte der Juden ausgesogen wurde. Aber der „praktische Judengeist" war damals nicht ausgerottet worden. Es bildeten sich unter den Christen die sogenannten „Handelsgesellschaften", auch „Preissteigerungsgesellschaften" genannt, die es verstanden, den Handel mit den wichtigsten Waren, vor allem mit Korn, Fleisch, Wolltuch, Erz, Gewürzen, Wein und Spezereien in ihre Hände zu bringen, indem sie diese Waren aufkauften, und so die Käufer zwangen, jeden von ihnen verlangten Preis zu zahlen. Der Unternehmergewinn dieser Gesellschaften war so groß, daß das Anlagekapital sich oft in einem Jahr um mehr als die Hälfte vermehrte.

Auch ein anderer Grund verursachte damals, daß die Käufer dem Verkäufer unverhältnismäßig mehr als den Selbstkostenpreis für die Waren bezahlen mußten: der Kredit. Er machte sich vornehmlich in der Gestalt des Hausiererwesens fühlbar. Besonders der gemeine Mann und der Bauer, dessen Lage damals am drückendsten war, waren froh, wenn sie das Notwendigste einstweilen unentgeltlich sich verschaffen konnten. Daß sie hinterher das Doppelte und Dreifache, wie beim Bargeschäft zahlen mußten, — häufig indem sich die Hausierer aus dem spärlichen Ertrage der Ernte oder sonstigem Besitz eigenhändig mit Gewalt bezahlt machten —, hielt sie nicht davon ab, sich immer wieder auf diese unreelle Art des Geschäftsverkehrs einzulassen.

Ein besonders zutreffendes Bild aber davon, wie in mannigfachen Beziehungen die Produktion und der Absatz der Ware — letzterer freilich in ganz besonderem Maße — ihren Preis in die Höhe treiben können, gibt uns die Gegenwart. Wenn auch die Ansicht, daß die Produktionskosten die Tendenz haben, sich ständig zu verbilligen, nicht unbegründet ist, so wäre es doch grundfalsch, diesen Satz als eine uneingeschränkte Tatsache, als absolute Wahrheit hinzunehmen, da tatsächlich heute die Verhältnisse in den meisten Fällen anders liegen. Die maschinellen Einrichtungen unserer Unternehmungen sind freilich infolge des riesenhaften Aufschwunges der deutschen Industrie billiger, preiswerter geworden. Es wird auch immer mehr an Unkosten gespart, dadurch daß die Kleinbetriebe von den Großbetrieben verdrängt werden, — aber all dieses wird dadurch wieder aufgewogen, daß auf der andern Seite neue Unkosten hinzukommen und daß die oben erwähnten sechs Bestandteile des Selbstkostenpreises fast ausnahmslos im Wachsen begriffen sind.

Wenn wir uns diese Bestandteile des Selbstkostenpreises noch einmal vergegenwärtigen, so erkennen wir zunächst, daß sie selbst zueinander in mannigfachen Beziehungen stehen in der Weise, daß ein Wachsen des einen häufig eine Vergrößerung des anderen zur Folge hat. So z. B. müssen die Löhne steigen, wenn die landwirtschaftlichen Erzeugnisse, die Lebensmittel, teurer werden. Steigende Löhne aber verursachen selbst wieder eine Verteuerung der Produkte, und mit den Selbstkosten des Unternehmers muß naturgemäß auch der von ihm darüber hinaus erzielte Gewinn steigen; denn das Risiko wird dadurch für ihn ebenfalls größer, die Unkosten, die ihm die Unterhaltung seiner Familie und seine sozialen Pflichten verursachen, wachsen. — Steigt aus irgendeinem Grunde der Selbstkostenpreis der Ware, so bedeutet dies gleichzeitig eine Erhöhung des Betriebskapitals und somit auch eine Erhöhung seiner Verzinsung, die wir als wesentlichen Bestandteil der Selbstkosten erkannt haben. Diese innigen Beziehungen, die die Bestandteile des Selbstkostenpreises untereinander verbinden, erklären hauptsächlich in Verbindung mit der durch die Bevölkerungszunahme veranlaßten gesteigerten Nachfrage und dem aus anderen Gründen zurückbleibenden Angebot von Lebensmitteln die Erscheinung, daß die Produktionskosten in den meisten Fällen tatsächlich nicht kleiner, sondern größer werden.

Die Arbeitslöhne, die noch eine besondere Beachtung verdienen, sind insofern von hohen oder niedrigen Warenpreisen abhängig, als die Befriedigung der wichtigsten Lebensbedürfnisse durch sie beeinflußt, vor allem beeinträchtigt wird. „Jeder Arbeiter ist seines Lohnes wert", d. h. er soll soviel verdienen, daß er davon leben kann. Aber die Höhe des Arbeitslohnes wird in Wirklichkeit durch andere Momente bestimmt, nämlich durch das Verhältnis der Macht des Arbeitnehmers zu der des Arbeitgebers[1]. Streiks und Tarifverträge dokumentieren heute zur Genüge, wie die Macht der Arbeiter durch Organisation und festes Zusammenhalten den Arbeitgebern immer höhere Löhne abzuringen imstande ist. Wenn diese künstlichen Machtmittel sich bisher hauptsächlich in der Industrie Geltung verschafft haben, so sind die Löhne der landwirtschaftlichen Arbeiter aus einem anderen Grunde ständig gestiegen. Das Aufblühen unserer Industrie mit ihrer verstärkten Nachfrage nach Arbeitern hat durch die Verheißung verhältnismäßig

---

[1] Man kann Ricardo (Kapital, deutsche Übersetzung von Baumstark, Leipzig 1837) recht geben, wenn er Alin. 1 sagt: „Der natürliche Preis der Arbeit ist derjenige, welcher notwendig ist, um die Arbeiter, einen wie den andern, in den Stand zu setzen, zu bestehen und ihr Geschlecht fortzupflanzen, ohne Vermehrung oder Verminderung", und man muß sich doch mit Kleinwächter „das Einkommen und seine Verteilung" S. 201 auf den Boden der Wirklichkeit stellen und sagen: „Die Arbeiter erhalten stets den Lohn, den sie den Arbeitgebern abzuringen oder abzutrotzen vermögen.

Dort wo die Lebensmittelpreise hoch stehen, ist auch in der Regel der Lohn hoch, da es hier den Arbeitern verhältnismäßig leichter gelingt, den Arbeitgebern mehr Geld abzuringen."

hoher Löhne das Land immer mehr von Arbeitern entblößt. Die auf dem Lande sich immer mehr fühlbar machende Leutenot ist die Urheberin des Steigens der Arbeiterlöhne auf dem Lande. Daß infolgedessen die Produktionskosten der kleinen und mittleren landwirtschaftlichen Betriebe, die bei weitem die Großbetriebe in Deutschland überwiegen, sich verhältnismäßig mehr steigern, als die der letzteren, ist darauf zurückzuführen, daß die Großbetriebe meist in der Lage sind, sich billige Arbeitskräfte — vor allem ausländische — zu beschaffen. Da derartige billigen Arbeitskräfte der Ausländer sich aber nur zu Kolonnenarbeiten unter strenger Aufsicht eignen, kann der kleine oder mittlere Unternehmer sie nicht verwenden; er bleibt auf die seltner und teurer gewordenen inländischen Arbeitskräfte angewiesen. Besonders der Kleinbauer hat darunter zu leiden, da seine Kinder, die früher in der Wirtschaft mitarbeiteten und fremde Kraft unentbehrlich machten, städtischen Berufen nachgehen.

Für die Steigerung der Produktionskosten der gewerblichen und industriellen Unternehmungen insbesondere durch die Arbeitslöhne kommen noch weitere Gesichtspunkte in Betracht. Fast in jedem Betriebe werden heute Arbeiter beschäftigt, die nur infolge einer gewissen Vorbildung das zu leisten imstande sind, was entweder die fortgeschrittene Kultur oder der Staat oder andere Interessentenverbände von ihnen verlangen. Da auch schon die Vorbildung zu anderen als akademischen Berufen nicht unerhebliche Kosten verursacht, so ist es erklärlich und gerecht, daß derartige Arbeiter verhältnismäßig höhere Löhne beanspruchen und in der Regel auch erhalten. Die Kultur und der Geschmack verbessert und verfeinert sich — auf Kosten der Konsumenten.

Auch die Arbeitsteilung gewährt dem Produzenten nicht allein Vorteile. Wenn auch infolge größerer Geschicklichkeit in derselben Zeit von der gleichen Zahl Arbeiter mehr geleistet wird, so erfordert doch die Verbindung der in diesem Produktionsprozeß hergestellten Warenteile wieder besondere Arbeitskräfte. Meist wird dadurch auch die Organisation des Betriebes komplizierter, so daß auch Aufsicht und Leitung größere Kosten verursachen. Daß die größere Anzahl Arbeitskräfte auch größere Betriebsanlagen erforderlich macht und somit gleichzeitig eine erhöhte Verzinsung des Unternehmens bedeutet, mag hier noch erwähnt werden, ebenso wie die Tatsache, daß durch die Arbeitsteilung besonders in den Betrieben, die lediglich Teilwaren herstellen, dadurch viel Arbeit und Stoff vergeudet werden kann, daß die Korrespondenzbetriebe die Nachfrage nach ihren Teilwaren nicht befriedigen.

Was den von uns erwähnten dritten Bestandteil des Selbstkostenpreises anbelangt, so beruht sein Anwachsen in der Jetztzeit weniger darauf, daß die fortschreitende Kultur immer mehr Maschinen und maschinelle Einrichtungen erforderlich oder zweckmäßig macht — denn z. T. werden hierdurch Arbeitskräfte gespart, z. T. sind die Maschinen selbst billiger geworden —, als vielmehr darauf, daß der Grund und Boden und mit ihm auch die Mieten der Gebäude und Gebäudeteile enorm im Preise gestiegen sind und noch steigen. Die Ursachen dieser Bodenverteuerung werden wir später kennen lernen.

Auch die Summe der Prämien, die der Unternehmer zwecks Versicherung gegen allerlei Schaden verursachende Ereignisse zahlen muß, wird immer größer. Dies liegt einerseits an der zunehmenden Ausdehnung, die die Sozialversicherung gewinnt und die den Arbeitgeber teils direkt[1], teils indirekt noch insofern belastet, als sie Lohnerhöhungen notwendig macht, vor allem aber in dem Ausbau der Privatversicherung, welche die berechtigten Interessen der Unternehmer schützt. Besonders die Güter- und Vermögensversicherung hat an Gebieten gewonnen. So kennt man heute außer der Feuer- und Hagel-, auch eine Transport-, Vieh-, Glas-, Wasserleitungs-, Sturmschaden-, Diebstahl-, Unterschlagungs- und Maschinenversicherung, ferner außer der Haftpflicht-, auch eine Kursverlust-, Hypotheken-, Kredit- und Rückversicherung[2].

Daß die Höhe des Zinsfußes auf den Selbstkostenpreis des Unternehmers einen wesentlichen Einfluß ausübt, ist ohne weiteres klar. Wie die augenblickliche Höhe des Zinsfußes mit der Entwertung des Geldes in Zusammenhang steht, werden wir unten sehen.

Als letzten Bestandteil des Selbstkostenpreises haben wir die Steuern, Abgaben und Zölle erkannt, die z. T. den Betrieb als solchen belasten, z. T. nur auf einzelnen Warengattungen ruhen. Zur ersteren Gruppe gehört neben der Gewerbe- und Betriebssteuer auch die Grund- und Gebäudesteuer, sowie die Einkommensteuer. — Die Wanderlager- und Warenhaussteuer kommen nur für den Handel, nicht aber für die Produktion in Betracht. — Daß diese Last, die auf den Betrieben ruht, immer größer wird, kommt in erster Linie von der wachsenden Verschuldung der Kommunen und den infolgedessen notwendig werdenden erhöhten Gemeindesteuern her.

---

[1] Interessante Zahlen veröffentlicht Dr. E. H. Meyer in der „Sozialen Praxis", XXI. Jahrg., Nr. 20, S. 623 ff. Nach seiner Berechnung sind die Aufwendungen der Ruhrkohlenzechen für die soziale Zwangsversicherung von 20 Pf. auf die geförderte Tonne im Jahre 1874 bis auf 61 Pf. im Jahre 1906 gestiegen. Diese Zahlen sind um so beachtenswerter, als „im Durchschnitt der letzten 20 Jahre im Ruhrbergbau nur wenig mehr als eine Mark an Dividende und Ausbeute auf die Tonne Förderung zur Verteilung gekommen ist."

[2] Vgl. Alfred Manes i. Wörterb. d. Volksw., 3. Aufl., II. Bd., S. 1185 ff.

Die langfristigen Anleihen, Hypotheken und Grundschulden, sowie Restkaufgelder der preußischen Städte und der mehr als 10 000 Einwohner zählenden preußischen Landgemeinden sind in dem Jahrfünft 1905—1910 von 2954,70 auf 4525,23 Millionen Mk., also um 53,15 % angewachsen. Die jährliche Zunahme war bei den Städten mit mehr als 200 000 Einwohnern mit 19,64 % am höchsten, dann folgten die Städte von 50 bis 100 000 Einwohnern mit 16,11 %, die von 25 bis 50 000 Einwohnern mit 9,91 % und dann die Kleinstädte unter 10 000 Einwohnern[1]. Zutage tritt dies deutlich in dem in den meisten Gemeinden wachsenden Prozentsatz, der als Zuschlag zu den Staatssteuern erhoben wird, sowie in dem Ausbau der übrigen Kommunallasten. Auch die aus sozialen wie finanziellen Gesichtspunkten heraus durchgeführte Besteuerung des Grund und Bodens nach dem gemeinen Wert, die sich wie bisher bei der kommunalen Umsatzsteuer nun auch immer mehr bei der Grundsteuer statt der Besteuerung nach dem Nutzungswerte vorfindet, bedeutet vor allem dann eine erhebliche Mehrbelastung der Unternehmer, wenn dem Steuerzahler nur eine landwirtschaftliche Nutzung des Bodens möglich ist, dieser aber bei der Berechnung des gemeinen Wertes als Bauland angesprochen wird. Ebenso führt die Wertzuwachssteuer durch die Verteuerung des Grund und Bodens zu einer Mehrbelastung der Unternehmungen.

Der Prozentsatz, um den die auf einzelnen Waren lastenden sogenannten Verbrauchssteuern diese verteuern, ist, wenn auch für die ärmeren Klassen empfindlicher zu tragen als für diejenigen mit größeren Einkommen, ein zu geringer, als daß man ihn ernstlich als Ursache der jetzigen Teuerung mit ansprechen könnte. Außerdem kommen hier auch immerhin noch entbehrliche Waren in Betracht. Berechtigt mag in manchen Fällen die Klage über die Fleischverteuerung durch Erhebung zu hoher Schlachthausgebühren seitens einzelner Gemeinden sein.

Am empfindlichsten treffen aber gerade den ärmsten Konsumenten unsere Getreidezölle. Es ist hier nicht der Ort ihre Notwendigkeit zum Schutze der deutschen Landwirtschaft darzutun —, Tatsache ist, daß sie das Getreide und damit auch das Mehl und die andern Mühlenprodukte und somit auch das Brot verteuern[2]. Daß die jährliche Mehrausgabe für Brot und Mehl infolge der Zölle ganz erheblich ist, ist verschiedentlich nachgewiesen worden[3].

---

[1] „Kommunale Rundschau" vom 21. März 1912, S. 324.

[2] Den Zusammenhang zwischen hohen Getreide- und hohen Brotpreisen hat Hirschberg bei Conrad, Bd. XC, Die Schriften d. Vereins f. Sozialpolitik, S. 111, ziffernmäßig nachgewiesen.

[3] Roncador, „Wesen und Wirkung der Agrarzölle" (Jena 1911), berechnet

Ein charakteristisches Bild davon, wie Steuern und Zölle zu einer drückenden Volkslast werden können, gibt uns auch das 16. Jahrhundert.

Das Anwachsen der Realsteuerlasten war hauptsächlich dadurch verursacht, daß Ritter und Städte die Grundstücke der Bauern für sich einzogen — „Legen der Bauern" nannte man das. Da diese die wichtigsten Steuerzahler gewesen, Ritter und Städte aber selbst steuerfrei waren, so wuchsen die Steuern der übrigbleibenden Verpflichteten unverhältnismäßig an, zumal da das zügellose Leben an den Fürstenhöfen immer größere Summen erforderlich machte. Die Hauptschuld aber an der Verteuerung fast aller Waren trugen die Zölle, mit denen sich insbesondere die Hansestädte gegenseitig bekriegten. Nachdem diese Zölle, die hauptsächlich Gebührencharakter hatten, sich von sogenannten **Passierzöllen**, die an einzelnen Grenzstellen, Brücken und Wegen zu entrichten waren, zu Grenzzöllen weiter gebildet hatten und nunmehr jedesmal beim Passieren der Grenzen all der vielen Territorien, einzelner Provinzen und Provinzteile erhoben wurden [1], war es nichts Seltenes, daß eine Ware, ehe sie zum Konsumenten kam, 20 und noch mehr Zölle auf sich trug.

Selbst die unentbehrlichsten Waren wurden von den Landesherrn mit Zöllen belastet. Der Versuch des Reichstages im Jahres 1522, das Deutsche Reich zu einem einheitlichen Grenzzollgebiet umzugestalten und damit die Territorialzölle aufzuheben, scheiterte an dem Widerstand der Stände, insbesondere der Städte. So blieb denn der alte Zustand für Deutschland bis ins 19. Jahrhundert bestehen. 1800 gab es noch etwa 300 verschiedene Zollgebiete, 1815 noch deren 38.

Wie einst die Tatsache zum Entstehen einer Teuerung mit beigetragen hat, daß auf der einzelnen Ware zu viele Zölle lasteten, so spricht bei der heutigen Teuerung ein ähnliches Moment mit: daß auf einzelnen Waren zu viele Unternehmergewinne lasten, weil die Ware den Weg vom Produzenten zum Konsumenten nicht direkt, sondern noch durch die Hände mehrerer Mittelspersonen geht. Wenn auch diese Erscheinung hauptsächlich

---

diese jährlichen Mehrausgaben auf über 50 Mk.; Mombert, „Die Belastung des Arbeitereinkommens durch die Kornzölle" (Jena 1901), bei einem Zoll von 5 Mk. auf 45,40 Mk., bei einem Zoll von 5,50 Mk. auf 49,90 Mk.; Georg Hohmann, „Die deutschen Getreidezölle" (Berlin 1911, S. 36), sagt auf Grund der Mombertschen Berechnung: „Da das Einkommen dieser Familien im Durchschnitt 1136,80 Mk. beträgt . . . ., so muß der Arbeiter bei einem Zoll von 5 Mk. 12 Tage, bei einem Zoll von 5,50 Mk. 13,1 Tage arbeiten, um allein den Zoll aufzubringen."

[1] v. Heckel, „Zölle, Zollwesen" im Wörterb. d. Volksw., 3. Aufl., Bd. II, S. 1449.

beim Fleischkonsum Beachtung gefunden hat, so darf man, wenn es auch noch an direkten statistischen Belegen hierfür fehlt, wohl mit Recht annehmen, daß der Zwischenhandel heute auch fast alle übrigen Waren einschließlich der Industrieerzeugnisse erheblich verteuert. Wenn man nun zwar unbedingt zugeben muß, daß die Warenverteilung, die der Zwischenhandel besorgt, eine durchaus notwendige ist, — es nützt dem Konsumenten nichts, daß die Ware, die er braucht, tatsächlich irgendwo vorhanden und verkäuflich ist, er muß vielmehr auch in der Lage sein, die Ware im Augenblick des Bedarfs sich zu verschaffen —, so ist damit noch nicht gesagt, daß der Zwischenhandel selbst unentbehrlich und die durch ihn verursachte Verteuerung der Waren eine notwendige ist. Der Vertrieb der Waren durch die Produzenten selbst ist meist mit zu großen, vor allem auch pekuniären Schwierigkeiten verknüpft; in den Fällen aber, in denen er tatsächlich gehandhabt wird, kommt ein großer Prozentsatz der sonst möglichen Unternehmergewinne in Fortfall. Man denke an das sogenannte Filialwesen, das in seiner praktischen Durchbildung meist darin besteht, daß die Erzeugnisse des Mutterunternehmens an verschiedenen Orten in besonderen Geschäftsstellen zu den vom Mutterunternehmen bestimmten Preisen verkauft werden. — Die Bedeutung des Zwischenhandels als einer Ursache der Teuerung besteht in der Hauptsache auch nicht darin, daß der Produzent seine Ware nicht direkt an den Konsumenten sondern erst an den Verkäufer verkauft, — sie besteht vielmehr darin, daß dieser erste — häufig noch der zweite, dritte, vierte usw. — Käufer der vom Produzenten hergestellten Ware nicht der Verkäufer ist, von dem der Konsument kauft. Dagegen, daß der Produzent die Tätigkeit von Geschäftsleuten in Anspruch nimmt, die den Vertrieb der Ware vermitteln oder sie aufbewahren und aufspeichern, ist nichts einzuwenden, aber die Tatsache, daß derartige Mittelspersonen, ohne auf die Ware einzuwirken und sie zu verbessern, über ihre Geschäfts- und Arbeitskosten hinaus die Ware dadurch, daß sie sie kaufen, mit einem eignen neuen Unternehmergewinn zu belasten imstande sind, bedeutet eine ebenso unbillige wie auch unnötige Benachteiligung des Konsumenten. Die Tätigkeit derartiger Groß- oder Kleinhändler ist umso gefährlicher, als sie sich in den seltensten Fällen kontrollieren läßt, da sie eigene Niederlassungen nicht gründen. Es handelt sich hier meist auch nicht um Existenzen, an deren Erhaltung der Staat ein sonderliches Interesse hat, da sie bei sehr hohem Einkommen doch häufig zu den schlechtesten Steuerzahlern gehören.

In welchem Maße der Zwischenhandel die Waren zu verteuern imstande ist, ergibt sich recht deutlich aus den vom Deutschen Landwirtschaftsrat angestellten Ermittelungen über die Spannung zwischen den Schweine- und

den Schweinefleischpreisen[1]. Hiernach schwankte die monatliche Durchschnitts=
spannung in den Jahren 1901—1910 zwischen 13—55 Pf. für 1 kg.
Nach den Mitteilungen der Zeitschrift der Schlesischen Landwirtschaftskammer
über die „Preisspannung zwischen den Kleinhandelspreisen für Schweine=
fleisch und den Großhandelspreisen für Schlachtschweine in Berlin" betrug
die Preisspannung im Durchschnitt[2]:

Periode	Durchschnittspreis für Schweinepreise Mk. für 100 kg	Durchschnittspreis für Schweinefleisch in den Berliner Markthallen Pf. für 1 kg	Preisspannung Pf. für 1 kg
1891—1895	103	135	32
1896—1900	99	135	36
1901—1905	111	148	37
1906—1910	124	167	43
1911	108	165	57

Vergegenwärtigt man sich, daß der Produzent für seine Ware bei weitem
nicht den Großhandelspreis erhält[3], so ergibt sich tatsächlich, daß das Fleisch
auf dem Wege vom Produzenten zum Konsumenten ungefähr um 100 %
verteuert wird. Diese 100 % verteilen sich auf den Aufkäufer, den Händler,
Großhändler, Kommissionär, Engrosschlächter, Ladenschlächter und Laden=
fleischer, von denen jeder so viel auf den Preis aufschlägt, als ihm die
jeweilige Marktlage irgend gestattet.

Wie die Konkurrenz es ist, die verhindert, daß die Höhe des Unter=
nehmergewinns durch Willkür bestimmt wird, so ist sie andererseits auch
häufig gerade die Ursache, daß viele Waren durch zu hohe Unternehmer=
gewinne verteuert werden. Die Überfüllung der Berufe macht sich heute

---

[1] „Denkschrift des Deutschen Landwirtschaftsrats über die Lebensmittelteuerung
1911", Berlin 1911, S. 23.
[2] Vgl. „Schlesische Zeitung" vom 12. November 1911, Nr. 799, dritter Bogen.
Vgl. daselbst auch die Erklärung des Vorstandes der Vereinigung Deutscher Schweine=
züchter bezüglich der Verteuerung des Fleisches durch den Zwischenhandel.
[3] Gerlich, Heinrich, Die Preisbildung und Preisentwicklung für Vieh und
Fleisch am Berliner Markte (für Schweine), Leipzig 1911, S. 85: Nach Berichten
von Landwirten (durch Umfrage des Landesökonomie=Kollegiums) haben sich im ersten
Vierteljahr 1910 zwischen den Stallpreisen in Westpreußen und den Marktpreisen
in Berlin pro Zentner Lebendgewicht folgende Spannungen . . . . . . ergeben:

     a) Fettschweine über 3 Ztr. . . . . . 4—9 Mk.,
     b) vollfleischige über 2½ Ztr. . . . . 6—10 „
     c) vollfleischige über 2 Ztr. . . . . . 4—12 „
     d) fleischige bis 170 Pfd. . . . . . . 5—14 „
     e) Sauen . . . . 6—15 „

auch im Handelsgewerbe stets empfindlicher geltend. Ermuntert durch eine günstige Geschäftslage, durch Zusicherung oder Aussicht auf einen bestimmten Kundenkreis und viele andere ähnliche Momente entstehen immer neue Konkurrenzunternehmungen und verkleinern so das Absatzgebiet und den Verdienst der übrigen, die in ihrer Gesamtheit meist auch schon in der Lage waren, einen weit größeren Kundenkreis zu befriedigen, als er ihnen tatsächlich zu Diensten stand. Und so setzt denn allmählich jeder Händler verhältnismäßig immer weniger Ware um. Da aber die Bedürfnisse, die er mittels des Unternehmergewinnes befriedigen muß, dieselben bleiben, im Gegenteil meist noch kostspieliger werden, so ist er gezwungen, an der einzelnen Ware mehr zu verdienen, als früher, zumal da ihn die Konkurrenz noch zu kostspieliger Reklame und Vermehrung seines Personals treibt. Stillschweigende oder ausdrückliche Vereinbarungen unter den Konkurrenten zwingen auch den Konsumenten, sich mit diesen Preiserhöhungen einverstanden zu erklären. Die gleiche Wirkung wie das Hinzukommen neuer Konkurrenzunternehmungen haben die Geschäftserweiterungen, die meistens unter der ganz richtigen Berechnung vorgenommen werden, daß mit zunehmender Größe des Geschäftes die Unkosten sich verkleinern, die aber häufig sich insofern verrechnet haben, als die erweiterte größere Absatzmöglichkeit sich nicht verwirklicht[1].

Einen in anderer Weise erzwungenen höheren Unternehmergewinn zahlt der Konsument beim Kauf auf Kredit. In Anbetracht des Risikos, das der Verkäufer mit der Gefahr der eventuellen Nichtbeitreibbarkeit der Forderung übernimmt, erscheint ein höherer Unternehmergewinn nicht einmal als ungerechtfertigt. Das Verhängnisvolle hierbei ist, daß der Kredit häufig dem Käufer indirekt aufgezwungen und von diesem meist auch aus Bequemlichkeitsgründen angenommen wird; mancher Käufer zahlt lieber später etwas mehr, wenn er die Ware einstweilen ohne Barzahlung bekommt, da er entweder das Geld hierzu nicht hat oder es lieber zu anderen Zwecken verwendet. Es entstehen immer mehr Unternehmungen mit dem ausgesprochenen Charakter, Waren auf Kredit zu verkaufen, und da das Publikum derartigen

---

[1] Regula, Joseph, in den „Monatsheften für Landwirtschaft", III. Jahrg., März 1910, S. 92: „Ein schlagender Beweis für die verteuernde Wirkung eines übergroßen Wettbewerbs im Lebensmittelgewerbe ist die Freigabe der Bäckergerechtsame zur Zeit des ersten Kaiserreichs. Nach dem Staatsstreiche hat Napoleon, um sich beliebt zu machen, die einer geringen Anzahl Familien vorbehaltene Bäckergerechtsamkeit aufgehoben und das Bäckereigewerbe als ‚freies Gewerbe' erklärt. Sozusagen über Nacht entstanden in Paris Tausende von Bäckereien und die Folge war nicht, wie erwartet, die Verbilligung, sondern die Verkleinerung des Gebäckes."

Geschäften meist willfährig gegenübersteht, so werden auch die Konkurrenz=
geschäfte gezwungen, ihren Kunden Kredit einzuräumen, selbstverständlich
unter der bekannten oder unbekannten Voraussetzung eines Preisaufschlages.

Die Teuerung vom Beginn des 20. Jahrhunderts bis zur Gegenwart.

Obgleich es jeder, der für seinen eigenen oder den Lebensunterhalt
anderer zu sorgen hat, höchstpersönlich merkt, daß wir in Deutschland nicht
in einer billigen, sondern in einer sehr teuren Zeit leben, so erübrigt es sich
doch nicht, den Beweis zu erbringen, daß man tatsächlich von einer Teuerung
sprechen kann, daß wir uns in einem Zustande des Wirtschaftslebens be=
finden, in dem die Preise der Waren so hoch sind, daß wir Gefahr
laufen, die Bedürfnisse des täglichen Lebens nicht befriedigen zu können.

Dieser Beweis, den das Leben täglich liefert, ist statistisch durch die
deutsche Reichsenquete vom Jahre 1909 bereits erbracht worden. Diese
ergab, daß von 852 Familien, die dem Arbeiter=, mittleren Beamten= und
Handwerkerstande und den Gewerbetreibenden angehörten, 51,5 % an einem
Defizit leiden. Während die Durchschnittseinnahmen einer Beobachtungs=
familie 2192,08 Mk. betrugen, beliefen sich die Durchschnittsausgaben auf
2234,02 Mk. Es ergab sich also ein Fehlbetrag von 2 % der Einnahmen.
Allein 80,2 % der Ausgaben gehörten zum Existenzbedarf, waren also für
Nahrung, Wohnung, Kleidung, Feuerung und Beleuchtung aufgewandt
worden. Nur der Rest von durchschnittlich 19,8 % war der Befriedigung
des Kulturbedarfs verblieben. Der verhältnismäßig größte Anteil des Kultur=
bedarfs an den Ausgaben fiel auf die Gewerbetreibenden mit 25,2 %, für
die Maurer betrug dieser Prozentsatz 15,5 %, für die mittleren Beamten
sogar nur 14,5 %[1]. Zieht man in Erwägung, daß der Kulturbedarf noch
viele recht notwendige Ausgaben mit umfaßt, nämlich die für kirchliche,
Schulzwecke, für geistige Unterhaltung und Erbauung und für die Gesund=
heitspflege, so wird man sich wohl nicht der Ansicht verschließen können,
daß tatsächlich für einen großen Teil unseres Volkes die Gefahr vorliegt,
die Bedürfnisse des täglichen Lebens nicht befriedigen zu können. Diese
Gefahr ist in der Jetztzeit dadurch verursacht worden, daß die Warenpreise
unverhältnismäßig hoch gestiegen sind und daß das Einkommen der meisten
sich nicht entsprechend vergrößert hat.

---

[1] Erhebung von Wirtschaftsrechnungen minderbemittelter Familien im Deutschen
Reich. Berlin 1909.

Wir werden jetzt betrachten, welche Waren derart im Preise gestiegen sind und welche Ursachen im einzelnen hier mitgewirkt haben. Hauptsächlich drängt sich uns hierbei die Beachtung der Wohnungs= und der Lebensmittel= teuerung auf.

Welch großen Prozentsatz die Ausgaben für Nahrung und Wohnung von den Gesamtausgaben ausmachen, ergibt die Reichsstatistik vom Jahre 1909. Es kamen in Prozent bei einem Einkommen von

Mk.	auf Nahrung	Kleidung	Wohnung	Heizung und Beleuchtung	Sonstiges
unter 1200	54,2	9,2	20,0	6,2	10,4
1200—1600	54,6	9,5	17,2	4,8	13,9
1600—2000	51,0	11,5	18,0	4,5	15,0
2000—2500	48,1	12,6	17,6	4,0	17,7
2500—3000	42,7	14,3	18,0	3,9	21,1
3000—4000	38,1	14,0	18,5	3,6	25,8
4000—5000	32,8	14,7	19,3	3,1	30,1
über 5000	30,3	14,9	14,9	3,1	36,8

a) Die Wohnungsfrage.

Wenn es auch an statistischen Belegen für das Steigen der Wohnungs= mieten fehlt, so steht doch fest, daß die Mietpreise in den letzten Jahrzehnten verhältnismäßig mehr gestiegen sind als das Einkommen. Der beste Beweis hierfür ist die sich in fast allen Städten so empfindlich bemerkbar machende Wohnungsnot. Das Einkommen der Arbeiter und der bezüglich des Ver= dienstes auf gleicher Stufe Stehenden reicht bei weitem nicht mehr aus, für sich und ihre Familie eine gesunde und angemessene Behausung zu mieten. So müssen sich oft ganze Familien mit einem einzigen Zimmer begnügen. Gustav v. Schmoller nannte einst diesen Zustand „eine Herabdrückung der unteren Klassen in unseren Großstädten zu Barbaren, zu tierischem Dasein". Und tatsächlich hat z. B. die amtliche Statistik für Groß=Berlin ergeben, daß dort 600 000 Menschen in Wohnungen leben, in denen jedes Zimmer mit 5 und mehr Personen besetzt ist. 1 600 000 Menschen wohnen daselbst in übervölkerten Wohnungen, d. h. solchen, in denen jedes heizbare Zimmer mit mehr als 2 Personen besetzt ist[1]. Ähnlich liegen die Verhältnisse auch in anderen Großstädten und Städten.

---

[1] Vgl. den Art. von Dr. Kuczynski, Direktor des statistischen Amtes der Stadt Schöneberg im „Berliner Tageblatt" vom 16. Februar 1912: „Wieviele Wohnungen in Groß=Berlin sind übervölkert?"

Die Teuerung der Kleinwohnungen ist in allererster Linie darauf zurückzuführen, daß die Nachfrage ständig wächst, das Angebot aber immer mehr hinter der Nachfrage zurückbleibt. Die Bauherren gehen von dem Standpunkte aus, daß an den kleinen Leuten nicht viel zu verdienen ist, daß sie im Gegenteil häufig Mietsausfälle und eine verhältnismäßig schnellere Abnutzung des Gebäudes als bei besser Situierten zu vergegenwärtigen haben. So entstehen denn tatsächlich auch in den seltensten Fällen von privater Seite Häuser, die von vornherein zum Vermieten an die minderbemittelte Bevölkerung bestimmt sind. Von Gemeinden aber und gemeinnützigen Vereinigungen wird erst in allerjüngster Zeit die Förderung des Entstehens zweckentsprechender, billiger Arbeiterwohnungen in die Hand genommen. Die städtische Bevölkerung aber und mit ihr die Arbeiter und weniger Bemittelten, die doch den bei weitem größten Prozentsatz ausmachen, ist in unverhältnismäßig schnellem Wachstum begriffen. Die nachstehende Tabelle gibt am besten hierüber Aufschluß.

Von der Bevölkerung des Deutschen Reiches wohnten [1]

	1871 %	1875 %	1880 %	1885 %	1890 %	1895 %	1900 %	1905 %
1. In Großstädten (160 000 und mehr Einwohner) . .	4,8	6,2	7,2	9,5	11,4	13,9	16,2	19
2. In Mittelstädten (20 000 bis 100 000 Einwohner) .	7,7	8,2	8,9	8,9	9,3	10,7	12,6	12,9
3. In Kleinstädten (5000 bis 20 000 Einwohner) . . .	11,2	12	12,6	12,9	11,5	13,6	13,5	13,8
4. In Landstädten (2000 bis 5000 Einwohner) . . .	12,4	12,6	12,7	12,4	10,3	12,0	12,1	11,6
5. In anderen Orten und Einzelgehöften	66,9	61	58,6	56,3	57,5	49,8	45,6	42,6

Daß tatsächlich das Angebot von Kleinwohnungen weit hinter der Nachfrage zurückbleibt, ist auch vielfach nachgewiesen. So standen z. B. am 1. Februar 1912 in München von den Kleinwohnungen nur 0,6 v. H. leer; 0,33 v. H. davon waren sofort beziehbar. Durchschnittlich muß aber ein Leerstehen von 3 v. H. der Wohnungen als gesundes Verhältnis von Angebot und Nachfrage auf dem Wohnungsmarkte angesehen werden [2]. Hinter diesem Prozentsatz der leerstehenden Wohnungen blieben noch viele andere Städte, so z. B. Elberfeld und Braunschweig mit je 0,6 %, Barmen

---

[1] Vgl. Hesse, „Bevölkerungszunahme" im Wörterb. d. Volksw., 3. Aufl., Bd. I, S. 473/74.

[2] Vgl. Soziale Praxis und Archiv f. Volkswohlfahrt", XXI., Nr. 21, S. 668.

0,7 %, Dresden 0,9 %, ferner Straßburg, Kassel, Bremen, Dortmund, Halle a. S. und Leipzig zwischen 1 und 2 % im Jahre 1911 recht erheblich zurück[1]. Einen maßgebenden Einfluß auf das Angebot von Kleinwohnungen hat auch die Tätigkeit der Baupolizei, die in allzu gewissenhafter Wahrnehmung ihrer Pflichten in Anbetracht des spärlichen Entstehens von neuen Kleinwohnungen vielfach zu scharf vorgeht. Weit davon entfernt, hier die aus gesundheits- und sicherheitspolizeilichen Gründen häufig sogar dringend gebotene Schließung von Wohnräumen irgendwie zu rügen, muß man nur darin eine tatsächliche Vergrößerung der Kleinwohnungsnot erblicken, daß diese Schließung mitunter ohne Rücksicht darauf durchgeführt wird, ob genügend Ersatz für die geschlossenen Kleinwohnungen vorhanden ist oder rechtzeitig geschaffen werden kann.

Noch ein Moment, das ebenfalls das Angebot vor allem von Kleinwohnungen verringert, käme hier in Betracht, nämlich die von den Gemeinden häufig vorgenommenen Stadtdurchbrüche und Sanierungen. Diese infolge der Ausdehnung des Stadtgebietes oder notwendig werdender Verkehrserweiterungen meist an der Peripherie des Stadtkreises vorgenommenen Arbeiten veranlassen oft ein Niederreißen einzelner Gebäude. Da gerade hier und nicht etwa im Zentrum die Wohnungen der kleinen Leute liegen, so haben diese verhältnismäßig am meisten unter der fortschreitenden Ausdehnung der Städte zu leiden.

Daß die Mietpreise im allgemeinen in der letzten Zeit so beträchtlich gestiegen sind, ist hauptsächlich auf die Verteuerung des Grund und Bodens und der Baukosten zurückzuführen. Daß der Wert und mit ihm auch der Preis der städtischen Grundstücke viel höher und auch schneller gestiegen ist als der von ländlichen Besitzungen, liegt einmal daran, daß die Nachfrage nach städtischem Besitz unverhältnismäßig stärker geworden ist — man braucht sich nur die Verschiebung der Bevölkerungsverteilung auf dem Lande und in Städten vor Augen zu halten —, während gleichzeitig das Angebot durch die Verwendung von Boden zu öffentlichen Straßen und Plätzen noch verringert wird. Die Schwierigkeit, städtischen Besitz zu erlangen, wächst also ständig und zwar zunehmend mit der Größe der Städte. Auf der andern Seite kann der Nutzen, den der Besitz von städtischem Grund und Boden gewährt, bei weitem größer sein, als der von ländlichen Grundstücken, da Geschäftsläden und Fabrikanlagen und ebenso auch die sogenannten Mietskasernen einen weit höheren Gewinn garantieren als der Landwirtschaftsbetrieb. So beobachten wir denn heute, daß hauptsächlich die an den

---

[1] Kommunale Rundschau vom 11. März 1912, S. 30.

Hauptverkehrsstraßen belegenen städtischen Grundstücke wegen der Möglichkeit ihrer Verwendung zu Läden und andererseits die in günstigeren Bauklassen gelegenen Baustellen, wo eine größere Anzahl von Stockwerken zugelassen ist, dem Durchschnittspreise weit voran eilen. Die Aussicht auf eine noch ertragsreichere, zulässige Ausnutzung des städtischen Bodens als die bisherige hat den modernen häufigen Besitzwechsel und Handel mit Bauplätzen sowohl als auch bebauten Grundstücken hervorgerufen. Dieser rege Grundstückshandel, der in der Regel in jedem einzelnen Falle eine Verteuerung des Bodens bedeutet, da außer dem Verdienst des Verkäufers insbesondere die Steuern, die sich an den Besitzwechsel anknüpfen — Umsatz- und Wertzuwachssteuern —, den Preis erhöhen, ist bei uns zur Bodenspekulation ausgeartet. Dieser ungesunde Wirtschaftszustand ist deswegen so gefährlich, weil er den Grund und Boden nicht demjenigen zuführt, der tatsächlich in der Lage ist, einen dem höheren Preis und Wert entsprechenden Ertrag aus ihm zu ziehen, sondern einem Händler, der einen noch höheren und schließlich über den wirklichen Wert und die wirkliche Nutzungsmöglichkeit hinausgehenden Preis zu erzielen bestrebt ist und auch erzielt. Kommt das Grundstück dann zur wirtschaftlichen Verwertung, so muß der Geschäftsinhaber oder Hausbesitzer wegen der übermäßig hohen Verzinsung entweder die Waren oder Wohnungen derart im Preise steigern, daß der Konsument oder Mieter darunter leiden oder er muß selbst den Schaden einstecken. Indem die Bodenspekulanten meist die Bauplätze an sich halten und eine noch günstigere Konjunktur abwarten, vermindern sie dadurch zugleich das Angebot von Baustellen und zwingen schließlich den Reflektanten, die von ihnen verlangten Überpreise zu zahlen.

Daß auch durch die jetzt in einer großen Anzahl von Gemeinden übliche Besteuerung des Grund und Bodens nach dem gemeinen Werte die Bauplätze wesentlich verteuert werden können, haben wir bereits an anderer Stelle gesehen. Obgleich eine solche Besteuerung durchaus geeignet ist, die Bautätigkeit zu fördern, da eine landwirtschaftliche Nutzung des Geländes unrentabel ist, so versagt sie doch gegenüber der Bodenspekulation, die kapitalskräftig genug ist, selbst längere Zeit hindurch diese hohen Steuern zu entrichten, da sie im geeigneten Augenblick dieselben doch nebst dem erwarteten Gewinn erstattet bekommt.

Der zweite maßgebende Faktor, der für die Steigerung der Mietspreise verantwortlich zu machen ist, ist die erhebliche Verteuerung der Baukosten. Zunächst kommt hier die Vergütung, die der Bauunternehmer erhält, in Betracht. Da die Arbeitslöhne im Baugewerbe speziell in der letzten Zeit bedeutend gestiegen sind — Fuchs[1] berechnet diese Steigerung schon für die Zeit von 1879—1904 auf 20—30% — und noch weiter steigen, so ergibt sich schon aus diesem Grunde eine Vergrößerung der Bauunternehmerkosten. Des weiteren trägt aber auch die Art der Bauausführung hierzu nicht unerheblich bei. Auch hier ist es die Tätigkeit der Baupolizei, welche in Wahrnehmung berechtigter Interessen zum Schutze und zur Sicherheit der Allgemeinheit sowie zwecks planmäßiger Gestaltung des Städtebaues in verschiedener Hinsicht den Unternehmer zwingt, ihre Vorschriften zu beachten, und die so manche Arbeiten notwendig macht, die bei Berücksichtigung des pekuniären Interesses allein erspart worden wären. So bereitet hauptsächlich die ordnungsmäßige Fundamentierung des Gebäudes mit den notwendigen Vorarbeiten oft große Schwierigkeiten und Unkosten.

Neben den Unternehmerkosten beeinflussen sodann die Materialpreise die Höhe der Baukosten. Vergegenwärtigt man sich, daß die Ausbeutung des den Ziegelfabriken zur Verfügung stehenden Bodens mit seiner fortschreitenden Erschöpfung eine immer schwierigere wird, so wird man verstehen, daß die Preise für Ziegel und Zementwaren erheblich in die Höhe gegangen sind. Die zwecks gemeinsamer Festlegung der Preise von den Ziegeleien geschlossenen Ringe darf man hierbei nicht vergessen. Nach der im Herbst 1905 abgeschlossenen Kartellstatistik, welche 385 kartellähnliche Vereinigungen umfaßt, waren die Ziegeleien allein mit 132 beteiligt[2]. Auch sonst werden heute bei der Ausgestaltung der einzelnen Räumlichkeiten der fortschreitenden Kultur entsprechende bessere und daher auch teurere Materialien verwandt.

Schließlich müssen wir noch auf die öffentlichen Lasten hinweisen, die vornehmlich in der Gestalt von Anliegerbeiträgen bei der Bebauung städtischer Grundstücke in Frage kommen. Sie bestehen zunächst in einer einmaligen Ausgabe für die anteilige Pflasterung, Kanalisierung und Beleuchtung der Straße sowie für die Wasser- und Lichtanschlüsse an das einzelne Haus. In der Regel liegt dem Hauseigentümer auch noch die Pflicht ob, einige Jahre hindurch die Kosten für die Unterhaltung der betreffenden Straße, an der sein Gebäude liegt, anteilig zu tragen. Auch diese Last wächst mit dem Fortschreiten der Kultur und dem ihr entsprechenden besseren Städtebau, besonders aber erklärlicherweise mit dem Steigen der Arbeitslöhne.

Noch ein Moment, das an der Steigerung der Wohnungsmieten in

---

[1] Fuchs a. a. O. S. 66/67.
[2] Vgl. M. Biermer, „Kartelle" im Wörterb. d. Volksw., 3. Aufl., Bd. II, S. 27.

ben Städten schuld ist, müssen wir erwähnen. Das Gewerbe bietet durch seine zunehmende Differenzierung immer mehr Erwerbsmöglichkeiten und gewinnt so in den Städten ständig an Umfang. Die zum Betriebe erforderlichen Geschäftsstellen, Läden, Büreaus und ähnliche Räume verdrängen daher hauptsächlich in den Zentren die zum dauernden Aufenthalt von Menschen bestimmten Räume, weil sie dem Hauseigentümer mehr Ertrag abwerfen als letztere. Da es nun aber für viele Geschäftstreibende teils vorteilhaft, teils notwendig ist, daß sie nahe an der Stelle wohnen, an der sie ihr Gewerbe ausüben, so ist die Nachfrage nach Wohnungen in den Geschäftszentren eine besonders starke und beeinträchtigt dementsprechend die Mietpreise[1].

b) Die Lebensmittelfrage.

Es ist kein Zufall — wie wir später sehen werden —, daß gerade die Zeit von 1903—1906 es ist, die eine plötzliche, so erhebliche und anhaltende Preissteigerung der Lebensmittel gebracht hat, daß von 1906—1911 die Preise sich auf einer ständig aber nicht unverhältnismäßig stark ansteigenden Linie vorwärts bewegt haben und im Jahre 1911 dann wieder einen unverhofften Sprung vorwärts getan haben. Nach F. Krömmelbein[2] sind die Preise der wichtigsten Lebensmittel in Frankfurt a. M., Dresden und Basel pro Kilogramm in Franken folgendermaßen gestiegen:

Nahrungsmittel	Ort	1903	1904	1905	1906	Steigerung %
Rindfleisch	Frankfurt	2,00	2,00	2,05	2,09	4,5
	Dresden	1,56	1,52	1,85	1,83	19,0
	Basel	1,74	1,75	1,76	1,76	1,2
Kalbfleisch	Frankfurt	2,60	2,00	2,00	2,10	5,0
	Dresden	1,88	1,71	2,30	2,24	1,0
	Basel	2,00	1,90	1,95	2,00	—
Schweinefleisch	Frankfurt	2,00	2,12	2,28	2,31	15,0
	Dresden	1,64	1,66	2,08	2,11	23,0
	Basel	2,00	2,00	1,80	2,00	—
Hammelfleisch	Frankfurt	1,70	1,70	1,70	1,74	2,4
	Dresden	1,87	1,84	2,09	2,19	17,0
	Basel	1,40	1,60	1,60	1,60	14,0

[1] Vgl. Fuchs, „Zur Wohnungsfrage", Leipzig 1904, S. 63.
[2] Krömmelbein, „Massenverbrauch und Preissteigerungen auf Grund Baslerischer Wirtschaftsrechnungen", Basler Volksw. Arb. Nr. 2, Stuttgart 1911, S. 99.

Nahrungsmittel	Ort	1903	1904	1905	1906	Steigerung %
Milch	Frankfurt	0,25	0,25	0,25	0,25	—
	Dresden	0,20	0,205	0,255	0,25	25,0
	Basel	0,20	0,19	0,19	0,20	—
Butter	Frankfurt	2,79	2,76	2,95	3,25	16,2
	Dresden	3,37	3,45	3,44	3,51	4,0
	Basel	2,70	2,85	3,10	2—3,20	18,0
Schmalz	Frankfurt	—	—	—	—	—
	Dresden	2,26	2,20	2,52	2,48	9,0
	Basel	2,00	2,00	1,80	1,90	— 5,0
Mehl	Frankfurt	0,42	0,42	0,45	0,46	9,6
	Dresden	0,44	0,47	0,48	0,49	10,0
	Basel	0,30	0,30	0,32	0,32	0,6
Brot	Frankfurt	0,315	0,315	0,35	0,36	11,0
	Dresden	0,30	0,30	0,33	0,33	10,0
	Basel	0,28	0,28	0,30	0,30	7,0
Kartoffeln	Frankfurt	0,084	0,094	0,092	0,092	14,0
	Dresden	0,073	0,081	0,069	0,07	— 3,4
	Basel	0,065	0,065	0,06	0,07	7,0

Im Einklang mit dieser Feststellung der Lebensmittelpreise für Deutschland stehen auch die vom Verbande Deutscher Handlungsgehilfen zu Leipzig angestellten Ermittelungen[1]. Nach ihnen ist die Nahrungsmenge der Wochenportion eines deutschen Matrosen — bestehend aus: 800 g Rindfleisch, 750 g Schweinefleisch, 800 g Hammelfleisch, 150 g Reis, 300 g Bohnen, 300 g Erbsen, 500 g Weizenmehl, 200 g Backpflaumen, 3000 g Kartoffeln, 340 g Zucker, 5250 g Brot, 455 g Butter, 106 g Salz, 105 g Kaffee, 21 g Tee, 0,11 l Essig — von 1901—1903 nur um etwas mehr als 2,5 %, von 1903—1906 aber um beinah 10 %, und in der Zeit von 1906—1910 mit zunächst wieder etwas fallender Kurve, dann noch um weitere 5 % im Preise gestiegen. Wir sehen also auch hieraus, daß diese Lebensmittel, die zum weitaus überwiegenden Teile aus einheimischen landwirtschaftlichen Produkten bestehen, vom Jahre 1902 an — denn die Preissteigerungsperiode 1901—1903 mit 2,5 % beträgt für die Zeit von 1902 bis 1903 allein über 2 % — eine plötzliche und unverhältnismäßig hohe Verteuerung erlebt haben.

---

[1] Vgl. die vom Verband Deutscher Handlungsgehilfen zu Leipzig — der ungefähr 100 000 Mitglieder zählt — am 5. Oktober 1911 an die Verwaltungen der deutschen Städte gerichtete Eingabe betr. Maßnahmen gegen die Verteuerung der Lebenshaltung.

Die infolge der Dürre des Jahres 1911 erfolgte Verteuerung der animalischen Produkte, wie Milch, Butter usw. und hauptsächlich von Kartoffeln ist in den einzelnen Landesteilen — je nach der verschiedenen Ausbeutung der Konjunktur durch den Zwischenhandel — eine so verschiedene, daß sich ein durchschnittlicher Prozentsatz nur sehr schwer wird ermitteln lassen. Jedenfalls ist sie eine sehr erhebliche gewesen[1]. Uns interessiert aber dieser außergewöhnliche Zustand des Wirtschaftslebens weniger als die vorhergehende Periode, in der die Preissteigerung der wichtigsten Lebensmittel auf anhaltend wirkende soziale Ursachen zurückzuführen ist.

Eine der wichtigsten dieser Ursachen ist das Steigen der Preise für landwirtschaftliche Betriebe. Die Bodenpreise bei Landgütern[2] sind in dem Zeitraum von 1895/97—1901/03 um 17 %, bei Stückländereien um 10 %, in dem Zeitraum von 1901/03—1907/09 aber bei Landgütern um 33 % und bei Stückländereien um 21 %, also in der zweiten Periode um das Doppelte der ersten Periode gestiegen. Diese Mehrsteigerung in der zweiten Periode von 1901/03—1907/09 ist aber nicht bei allen Größenklassen dieselbe gewesen. Während sie bei den Besitzungen mit weniger als 20 ha nur etwa 11—13 % betrug und bei Besitzungen von 20—100 ha mit 23 % die Mitte hielt, belief sie sich bei den Großgütern mit mehr als 100 ha auf 34—36 %.

Diese erhebliche Verteuerung des ländlichen Grund und Bodens, deren Ursachen wir später beleuchten werden, ist in Verbindung mit der Tatsache des starken Besitzwechsels in den Jahren 1903—1907 der Anlaß gewesen, daß fast alle landwirtschaftlichen Erzeugnisse gerade in dieser Zeit so wesentlich im Preise gestiegen sind. Der Besitzwechsel ist es, der erst den hohen Grundstückspreis realisiert. Da nun der neue Besitzer, der den hohen Bodenpreis gezahlt hat, darauf bedacht sein muß, daß, insofern er mit Schulden wirtschaftet, er aus demselben Grundstück um so mehr zur Bezahlung der Zinsen erzielt, je teurer ihn der Boden im Verhältnis zu seinem Vorgänger zu stehen kommt, so wächst mit diesen Selbstkosten auch der Preis seiner Produkte (vgl. die obigen Ausführungen bezüglich der Zinsen als Teiles der Selbstkosten). Aber auch der Landwirt, der ohne wesentliche Verschuldung arbeitet, sieht sich bei höheren Bodenpreisen zur Preissteigerung seiner Produkte gezwungen. Der Mehrbetrag, den er über den früheren Bodenpreis

---

[1] Lichtenfelt, „Volksernährung und Teuerung", Stuttgart 1912, schätzt die Verteuerung der Kartoffel im Kleinhandel z. B. gegen 1906—08 in 21 Städten auf 23 %.

[2] W. Rothkegel, „Die Bewegung der Kaufpreise für ländliche Besitzungen und die Entwicklung der Getreidepreise im Königreich Preußen von 1895 bis 1909." „Schmollers Jahrb. für Gesetzgebung, Verwaltung und Volkswirtschaft im Deutschen Reiche", 34. Jahrg., S. 1694—97.

gezahlt hat, würde totes Kapital sein, wenn er sich nicht verzinste. Es würde eine schlechte Kapitalsanlage sein, wenn er sich bloß mit dem Unternehmergewinn begnügen müßte, den früher auch ein so viel geringeres Kapital abwarf. Außerdem ist aber der Produzent — wie wir bereits oben gesehen haben —, der ohne Schulden wirtschaftet, doch in der Lage, um die Zinsen seiner Kapitalsanlage seinen Selbstkostenpreis höher zu berechnen, weil das viele — die Mehrzahl — seiner Konkurrenten tun müssen, deren Produkte zur Deckung der Nachfrage herangezogen werden müssen[1]. Um so leichter fällt ihm dies, je mehr seine Konkurrenten dies tun müssen, je mehr von ihnen verschuldet sind. Daß diese Verschuldung der landwirtschaftlichen Betriebe aber im ständigen Wachsen begriffen war und ist, war und ist gerade eine Folge der steigenden Bodenpreise[2].

Wie groß die Verschuldung des ländlichen Grundbesitzes ist, geht deutlich aus der ziemlich zuverlässigen von Preußen im Jahre 1902 veranstalteten Erhebung über die ländliche Verschuldung hervor. Das Bild war folgendes[3]:

Provinz	Die Schulden betrugen % d. Eigentümervermögens	Vom Hundert des Eigentümervermögens		
		unverschuldet	verschuldet mit % b. Gesamtvermögens	
			bis 50	über 50
Ostpreußen . . .	46,8	5,5	59,5	35,0
Westpreußen . .	52,8	5,1	50,2	44,7
Stadtkr. Berlin.	15,8	35,8	46,4	17,9
Brandenburg . .	28,3	9,6	74,7	15,6
Pommern . . .	40,4	8,2	62,6	29,1
Posen	42,1	6,0	68,5	25,5
Schlesien	34,6	9,1	59,5	31,5
Sachsen	20,2	30,0	62,1	7,8
Schleswig-Holst.	30,9	16,9	56,3	26,8
Hannover . . .	16,7	36,7	55,0	8,3
Westfalen . . .	13,6	40,9	52,3	6,8
Hessen-Nassau. .	11,9	50,0	46,7	3,3
Rheinland . . .	9,9	79,1	15,4	5,4
Hohenzollern . .	24,8	20,5	61,1	18,4

[1] Auch Brentano, „Die deutschen Getreidezölle", Stuttgart 1911, S. 41, vertritt energisch den Standpunkt, daß einer der wichtigsten Posten bei der Produktionskostenberechnung des Landwirtes die Verzinsung des Bodenkapitals ist.

[2] Brentano, a. a. O. S. 39 sagt . . . . „so geht doch eine gerade von agrarischer Seite als Dogma angenommene Lehre von Robbertus dahin, daß Hand in Hand mit der Grundwertsteigerung die Verschuldung steigt, und wenn dies auch nicht mit solcher Schroffheit für alle Gegenden Deutschlands gelten dürfte, so besteht doch allenthalben die Tendenz, daß mit dem Steigen der Grundwerte der Betrag steigt, den auch der im Besitz bleibende Gutsbesitzer aus dem Ertrage des Gutes an seine Gläubiger zu zahlen hat."

[3] W. Wygodzinski, „Verschuld. d. ländl. Grundbesitzes" im Wörterb. d. Volksw., 3. Aufl., II. Bd., S. 1179.

Und nach dem vorher erwähnten Rodbertusschen Dogma muß man annehmen, daß nach der 1901—1903 beginnenden erheblichen Bodenpreissteigerung diese Verschuldung heute noch eine weit größere ist.

Der Besitzwechsel, der den hohen Bodenpreis erst realisiert, ist nun tatsächlich in der Periode 1903—1907 ein so großer gewesen, daß in manchen Landesteilen die Hälfte aller Inhaber landwirtschaftlicher Betriebe die hohen Preise gezahlt hatten und infolgedessen bei Berechnung ihrer Selbstkosten um den Mehrbetrag an Zinsen, — den sie auch meist infolge von größerer Verschuldung zahlen mußten —, den Preis ihrer Produkte zu erhöhen gezwungen waren. Bei diesem großen Prozentsatz so teuer arbeitender Betriebe fiel es denen, deren Selbstkosten tatsächlich kleiner waren, nicht schwer ebenfalls mit ihren Preisen in die Höhe zu gehen, zumal da eine derartige Preiserhöhung der ganzen Landwirtschaft durch verschiedene Faktoren noch ermöglicht wurde.

Nach der Betriebsstatistik vom 12. Juni 1907 betrug die Anzahl der landwirtschaftlichen Betriebe von 2—100 ha in Deutschland 2 334 007 und die der Großbetriebe 23 566. In der Zeit von 1903—1907 haben über insgesamt 689 826 ländliche Grundstücke, nämlich im Jahre 1903 = 122 733, 1904 = 131 087, 1905 = 141 923, 1906 = 145 131, 1907 = 148 952, einen neuen Besitzer erhalten, wenn allein die Besitzungen von mindestens 2 ha Umfang berücksichtigt werden[1]. Aus dem Verhältnis der Anzahl der Betriebe von mindestens 2 ha mit 2 357 573 und denen, die den Besitzer gewechselt haben — 689 826 —, ergibt sich also, daß in dieser Zeit der hohen Bodenpreise von 1903—1907 mehr als ein Viertel dieser Grundstücke in andere Hände gekommen sind. — In den Provinzen Posen, Ostpreußen, Schleswig-Holstein und Westpreußen hat sogar mehr als die Hälfte aller ländlichen Grundstücke von 1903 bis 1907 den Besitzer gewechselt[2]. Wenn nun auch nicht übersehen werden darf, daß bei dieser Besitzwechselstatistik auch diejenigen Fälle aufgezählt sind, in denen ein und dasselbe Grundstück mehrmals den Besitzer gewechselt hat, so ist dieser Prozentsatz doch nicht allzu bedeutend und fällt bei der eben angegebenen Verhältniszahl umso weniger ins Gewicht, als die Zahl der landwirtschaftlichen Betriebe in Größe von 2 ha aufwärts vor 1907 auch noch eine kleinere gewesen sein wird, da gerade durch die im Wege des Besitzwechsels vorgenommenen Parzellierungen diese Zahl noch angewachsen ist. Daß in 22,4 % aller Fälle sich der Besitzwechsel nicht durch Kauf, sondern im Wege von Erbgang, Vermächtnis,

---

[1] Statistische Korrespondenz, Sondernummer vom 14. Juli 1910.
[2] Brentano a. a. O. S. 60.

Schenkung, von Todes wegen und Gutsüberlassung zu Lebzeiten des Eigentümers vollzogen hat, fällt für unsere Betrachtung der Verteuerung der landwirtschaftlichen Produktionskosten durch Besitzwechsel zur Zeit hoher Bodenpreise fast gar nicht ins Gewicht, da auch bei dieser Art des Eigentumsüberganges der neue Besitzer meist mehr belastet wird, indem er häufig bei der Übernahme zur Abfindung der anderen Erb- oder Anspruchsberechtigten unter Zugrundelegung des augenblicklichen Grundstückspreises Verpflichtungen eingehen muß.

Diese Ausführungen dürften wohl zu dem Schluß berechtigen, daß die Steigerung der Bodenpreise in der Periode 1901/03—1907/09 mit der oben dargelegten erheblichen Verteuerung der landwirtschaftlichen Produkte in der gleichen Zeit in ursächlichem Zusammenhang steht.

Bevor wir nun die übrigen Bestandteile der Selbstkosten landwirtschaftlicher Unternehmer betrachten, müssen wir noch auf die Ursachen des Steigens der Bodenpreise und des mit diesem Steigen in engstem Zusammenhange stehenden häufigen Besitzwechsels eingehen. Der Grund und Boden hat, wie kaum ein anderes wirtschaftliches Gut, einen Liebhaberwert, d. h. einen solchen Wert, der nicht durch den Nutzen bestimmt wird, den das Gut seiner natürlichen Bestimmung gemäß gewährleistet, sondern darüber hinaus und auch teilweise unabhängig von ihm durch andere Vorteile, die der Besitzer in seinem Erwerb erblickt. Daß der Erwerber für dieses Mehr an Nutzen und Vorteilen geneigt ist, auch einen höheren als den gewöhnlichen Preis zu zahlen, liegt auf der Hand. Dieses Mehr an Vorteilen, das der Besitz von Grund und Boden über seine natürliche Nutzung zur Produktion von landwirtschaftlichen Erzeugnissen hinaus gewährt, besteht in der Bedeutung des Landes für Gesundheit, Ruhe, inneren Frieden, den Schönheitssinn, Jagd- und Sportvergnügen; dann aber auch für soziales Ansehen, Stellung und politische Macht. Und so zahlt nicht nur der reich und des Hastens satt gewordene Städter für ein schönes Landgut einen außergewöhnlich hohen Preis, so wird den Bodenpreis auch im sozialen und politischen Kampf in die Höhe getrieben. Hierfür ist auch insbesondere der Ansiedlungsstreit zwischen Deutschen und Polen verantwortlich zu machen. Und tatsächlich ist doch in diesem Kulturkampf bei der sich gegenseitig überbietenden Konkurrenz der Parteien für die große Mehrzahl der Verkäufer das höchste Angebot zum Verkauf bestimmend gewesen. Bodenspekulanten haben in großer Anzahl die Situation ausgenutzt — und tun das noch — und durch Ankauf von Gütern zum Zwecke des Weiterverkaufs durch geschickte Manipulationen die Preise noch höher getrieben. Die Ankaufspreise, welche die Ansiedlungskommission im Durchschnitt gezahlt hat, sind von 681 Mk.

pro Hektar im Jahre 1889 auf 824 Mk. im Jahre 1899 und 1272 Mk. im Jahre 1909, d. i. im Vielfachen des Grundsteuerreinertrages von 73,7 auf 79,3 und 130,8 (1906 sogar 142) gestiegen[1]. Dabei darf man nicht vergessen, daß die Polen vielfach noch bedeutend höhere Preise gezahlt haben, was schon daraus zu schließen ist, daß die Einbuße der Deutschen in Westpreußen 1,40%, und in Posen 1,57%, also 1,49% der Gesamtfläche dieser beiden Provinzen beträgt[2].

Durch solche und ähnliche Liebhaberpreise, die vielfach für ländlichen Besitz gezahlt werden, werden natürlich auch die an- und umliegenden Grundstücke beeinflußt. Hierzu kommt noch, daß mit dem Zunehmen der Bevölkerung und ihres Wohlstandes die Nachfrage nach Landbesitz andauernd steigt, das Angebot aber einstweilen noch zurückgeht. Fast allein auf diese starke Nachfrage ist auch der oben erwähnte Besitzwechsel zurückzuführen. Es sind auch Zeiten denkbar, in denen ein so häufiger Besitzwechsel ländlicher Grundstücke hauptsächlich durch überragendes Angebot verursacht wird, nämlich dann, wenn die landwirtschaftlichen Produktionskosten zu groß sind und es den Besitzern nicht möglich ist, einen diesen Selbstkosten entsprechenden hohen Preis für ihre Erzeugnisse zu erzielen. Dann wird der Besitzwechsel aber die Tendenz haben, die Bodenpreise nicht in die Höhe zu treiben, sondern im Gegenteil herabzudrücken.

Daß heute die Nachfrage nach ländlichem Besitz das Angebot so stark überwiegt, ist außer den bereits erwähnten Gründen noch auf mehrere andere Ursachen zurückzuführen. Die Verkehrs- und Eisenbahnwege und der Fortschritt der Technik haben auch schon die den Hauptverkehrszentren abgelegensten Gegenden mit diesen in bequeme Verbindung gebracht. So ist es heute nicht mehr eine Strafe, in derartigen einsamen Landesteilen zu wohnen, sondern eher eine Bevorzugung. Der Hauptgrund jedoch, der den Landwirt seit Beginn des neuen Jahrhunderts bis heute veranlaßt hat, die enorm hohen Bodenpreise zu bezahlen, ist die Garantie, die er dafür hat, daß er imstande ist, einen dem hohen Bodenpreise und infolgedessen den hohen Selbstkosten entsprechenden Preis für seine Produkte zu erzielen. Diese Garantie besteht darin, daß der deutschen Landwirtschaft die Konkurrenz des Auslandes ferngehalten wird und die ständig steigende Nachfrage nach Lebensmitteln darauf angewiesen ist, soweit die Produktion der deutschen Landwirtschaft ausreicht, zunächst bei ihr Deckung und Befriedigung zu suchen.

---

[1] Sering, „Ansiedlungsgesetz für Posen und Westpreußen" im Wörterb. d. Volksw., 3. Aufl., I. Bd., S. 104.

[2] Sering, a. a. O. S. 106.

Für den deutschen Getreidebau beruht diese Garantie auf den Getreidezöllen. Ihre beabsichtigte und tatsächlich erreichte Wirkung ist die, daß die Getreidepreise im Inlande nicht wesentlich unter den Betrag zu sinken imstande sind, der sich aus der Zusammenrechnung von Weltmarktpreis und Zollbetrag ergibt. Während diese Wirkung für den Westen Deutschlands, dessen Landwirtschaft den eigenen Bedarf nicht zu decken imstande ist und der daher auf die Einfuhr von Getreide angewiesen ist, durch den Einfuhrzoll schlechthin erreicht werden konnte, vermochte sie in Ostelbien, das mehr Getreide produziert als es selbst verbraucht, erst durch das Einfuhrscheinsystem zur vollen Geltung zu kommen. Dies System gibt der ostdeutschen Landwirtschaft die Möglichkeit, das überschüssige Getreide, d. h. solches, das infolge des großen Angebotes auf dem Inlandmarkte noch nicht im Preise von Weltmarktpreis plus Zoll steht, an das Ausland zum Weltmarktpreis abzugeben. Bei dieser Ausfuhr erhält der Betreffende einen Ausfuhrschein über den Zollbetrag, der auf dem ausgeführten Getreide steht. Er kann nun diesen Zollbetrag dadurch verwirklichen, daß er entweder selbst andere Waren, auf denen ein Einfuhrzoll steht, zollfrei einführt oder daß er den Einfuhrschein zum Zwecke zollfreier Einfuhr anderer, mit einem Einfuhrzoll belasteter Waren an Interessenten weiterverkauft. Auf jeden Fall aber ist der deutsche Landwirt so in der Lage, auch bei den reichsten Ernten im Inland für sein Getreide annähernd den Weltmarktpreis plus Zoll zu bekommen. Wenn das Gesetz vom 25. Dezember 1902 die jetzt geltenden Zollsätze[1] von 5 Mk. bei Roggen, 5,50 Mk. bei Weizen, 4 Mk. bei Malzgerste, 1,30 Mk. bei anderer Gerste, 5 Mk. bei Hafer, 3 Mk. bei Mais, 18,75 Mk. bei Hafermehl und 10,20 Mk. bei allem anderen Mehl für je 100 kg unter bedeutender Erhöhung der früheren Sätze auch erst mit der Wirkung vom 1. März 1906 ab festgesetzt hat, so war die oben erwähnte Garantie für die deutsche Landwirtschaft doch schon mit dem Inkrafttreten des Gesetzes definitiv geschaffen, und es konnte nicht ausbleiben, daß die Wirkungen sich auch schon von diesem Zeitpunkte ab geltend machten. Jetzt stand für den Landwirt fest, welchen Ertrag ihm der Boden aus dem Getreidebau ungefähr abwerfen mußte. Jetzt konnte er sich ausrechnen, bis auf welche Höhe sich seine Produktionskosten — auch unter Heranziehung minder ertragreichen Bodens zum Getreidebau, der infolge der Zölle ebenfalls lohnend wurde, — belaufen dürften, um noch einen Gewinn zu erübrigen. Und es ist kein Wunder, daß nun der Handel die Grundstückspreise bis auf die äußerste Grenze der Rentabilitätsmöglichkeit getrieben hat.

---

[1] Wörterb. d. Volsw., 3. Aufl., I. Bd., S. 10.

Für die Viehproduktion besteht die Garantie eines die Selbstkosten ausreichend deckenden Ertrages außer mehreren anderen gesetzlichen Vorschriften zum Schutze der deutschen Viehzucht in eben demselben Gesetz vom 25. Dezember 1902, durch das die damals geltenden Einfuhrzölle für Vieh noch viel beträchtlicher als die Getreidezölle erhöht wurden. Nach den sich auf diesem autonomen Tarif von 1902 aufbauenden Handelsverträgen von 1904 bis 1905 betragen die Zollsätze für je 1 dz Lebendgewicht jetzt bei Rindvieh und Schafen 8 Mk., bei Schweinen 9 Mk.[1]. Auch die gesetzlichen Seuchenschutzbestimmungen haben schon früher die Einfuhr von lebendem Vieh sehr erschwert und tun es in erhöhtem Maß nach dem Reichsviehseuchengesetz vom 26. Juni 1909. Insbesondere aber kommen die auf Grund des Gesetzes erlassenen jetzt geltenden veterinärpolizeilichen Bestimmungen mit ihrer Härte direkt einem Einfuhrverbot gleich[2].

Auch eine Schädigung durch die Konkurrenz des Auslandes im Wege der Fleischeinfuhr braucht die deutsche Landwirtschaft nicht zu fürchten. Der hohe Fleischzoll von 35 bzw. 27 Mk. für die Vertragsstaaten für 100 kg bei frischem und 35 Mk. oder zuzüglich Untersuchungsgebühr 37,50 Mk. bei einfach zubereitetem Fleisch, sowie der § 12 des Reichsfleischbeschaugesetzes vom 3. Juni 1900 bieten hierfür eine genügende Gewähr. Da dieser § 12 die Einfuhr von Fleisch nur in ganzen Tierkörpern im natürlichen Zusammenhange mit den für gewisse Krankheitserscheinungen typischen inneren Organen — Herz, Lunge, Nieren, Brust und Bauchfell, bei Kühen auch das Euter — gestattet, ist ein längerer Transport derartigen Fleisches von vornherein ausgeschlossen[3]. Daß von diesen allgemeinen Bestimmungen gewisse gesetzliche oder polizeiliche Ausnahmen bestehen, kommt für die Gesamtheit der viehproduzierenden deutschen Landwirtschaft nicht in Betracht.

Diese vom Staate dem Getreidebau und der Viehproduktion gewährten Garantien erlangen dadurch nun ihre praktische Bedeutung, daß die deutsche Landwirtschaft in der Lage ist, so viel zu produzieren, als sie nur imstande ist, d. h. den äußerst möglichen Ertrag aus ihrem Besitz zu ziehen. Die Nachfrage nach landwirtschaftlichen Produkten ist so groß, daß die deutsche Landwirtschaft diesen Bedarf immer weniger zu decken vermag. Trotz der großen Ertragssteigerungen, die für den Zeitraum von 1882 bis 1909 pro Hektar bei Roggen 55 %, bei Weizen 35 %, bei Gerste nahezu 24 % und

---

[1] Vgl. K. Wiedenfeld, „Viehzölle" im Wörterb. d. Volksw., 3. Aufl., II. Bd. S. 1206/07.

[2] Vgl. den vom Vorstand des Deutschen Städtetages am 19. Sept. 1911 an den Reichskanzler gerichteten „Antrag betr. Maßnahmen zur Behebung der Fleischnot".

[3] Müller, J. Ullrich, „Fleischeinfuhr"? Berlin 1912, S. 69—71.

bei Hafer 38,5% betrug[1], mußte die deutsche Bevölkerung schon seit den siebziger Jahren des vorigen Jahrhunderts, zur Deckung ihres Bedarfes für menschliche und tierische Ernährung und für gewerbliche Zwecke mehr Getreide aus dem Ausland beziehen, als es selbst ausführen konnte. Wenn man berechnet wieviel Prozent dieses Bedarfs vom Ausland gedeckt wurden, ergeben sich folgende Zahlen[2]:

1. Juli bis 30. Juni	Roggen	Weizen	Spelz	Gerste	Hafer
1894—95	7,5	28,1	—	30,1	4,6
1895—96	11,0	34,0	—	25,9	3,4
1896—97	9,2	30,0	—	32,5	9,9
1897—98	7,6	25,8	—	33,2	9,0
1898—99	5,1	30,3	—	32,7	4,2
1899—00	4,4	23,3	—	27,6	3,8
1900—01	9,4	26,2	—	24,5	5,8
1901—02	9,1	50,5	—	24,9	1,8
1902—03	8,3	33,8	—	32,9	6,1
1903—04	2,7	36,4	—	43,3	2,4
1904—05	0,0	33,1	—	35,3	6,6
1905—06	5,3	40,1	—	42,6	14,0
1906—07	2,9	33,4	—	42,6	0,4
1907—08	1,9	39,8	—	38,7	0,0
1908—09	0,0	29,9	—	43,9	1,9

Wie sehr die deutsche Bevölkerung bezüglich der Fleischversorgung auf unsere Landwirtschaft angewiesen ist, ergibt sich daraus, daß selbst unter Hinzurechnung des Überschusses des eingeführten Fleisches über die Ausfuhr, sowie des Verbrauchs an Fischen, Geflügel und Wild in Deutschland schon seit Jahren nicht so viel Fleisch pro Kopf der Bevölkerung verbraucht worden ist als dem Volke zur Erhaltung seiner Lebenskraft und Leistungsfähigkeit zur Verfügung stehen muß. Dieser jährliche Mindestfleischbedarf ist vom Kaiserlichen Gesundheitsamt auf 55 kg berechnet worden, nach Ansicht erfahrener Ernährungsphysiologen wie C. v. Voit und Rubner aber bei weitem zu niedrig bemessen und auf 62 kg geschätzt. Aber selbst hinter dem Mindestfleischbedarf von 55 kg bleibt der tatsächliche Fleischverbrauch zurück; er betrug unter den schon erwähnten Zurechnungen

im Jahre 1904 54,14 kg,
" " 1905 52,84 "
" " 1906 51,89 "
" " 1907 54,23 "

---

[1] Brentano a. a. O. S. 18.
[2] Brentano a. a. O. S. 19.

im Jahre 1908 54,71 kg,
„   „   1909 54,62 „
„   „   1910 54,18 „ [1]

Inwieweit der in diesen Ziffern enthaltene tatsächliche Fleischverbrauch von Schlachtvieh durch das Ausland gedeckt ist, ergibt sich aus folgenden Zahlen[2]:

Jahr	Das Inlandsfleisch betrug % des Gesamtverbrauchs
1904	94,60
1905	93,01
1906	92,36
1907	94,38
1908	94,88
1909	94,70
1910	95,81

Eine Hauptursache für die Zunahme des Fleischbedarfs des deutschen Volkes ist in der zunehmenden Industrialisierung Deutschlands, in dem hiermit verbundenen Anwachsen der Städte und der Entvölkerung des Landes zu erblicken. Während der Landbewohner durch den Aufenthalt und die starke Bewegung in frischer Luft die für den Körper notwendige Wärme ergänzt, ist beim Städter infolge seiner meist bewegungslosen Beschäftigung das Bedürfnis nach warmen Speisen, also nach Fleisch, bedeutend größer. Dazu kommt, daß der Körper des Städters, um dem nervenzerrüttenden Treiben nicht zu erliegen, auf Zuführung besserer Nährwerte, wie sie das Fleisch den anderen Lebensmitteln gegenüber enthält, angewiesen ist.

Daß die Binnen= und auch die Seefischerei, die jedenfalls ziemlich gleichermaßen nahrhaftes Fleisch zu liefern imstande wären, verhältnismäßig wenig zur Befriedigung des Fleischbedarfs beitragen, kommt daher, daß durch Raubfang und Wilderei Flüsse, Teiche, Seen und auch das Meer stellenweise ausgefischt sind, und daß die Gewässer häufig durch industrielle Anlagen für die Fischzucht untauglich gemacht sind. Auch die Erträge, welche die Jagd liefern könnte, drohen durch übertriebenen Sport, der das Wild wohl jagt, aber selten hegt, und durch die in erschreckendem Maße zunehmende Wilddieberei, der leider von maßgebender Seite noch zu wenig Aufmerksamkeit geschenkt wird, allmählich ganz auszubleiben.

---

[1] Müller a. a. O. S. 21, 14—22.
[2] Denkschr. d. Deutsch. Landwirtschaftsrates über die Lebensmittelteuerung, Berlin 1911, S. 18.

Eine Erklärung für die Tatsache, daß in dem oben erwähnten Zeitraum von 1901/03 bis 1907/09 die Bodenpreise bei den Gütern von mehr als 100 ha um 34—36%, bei den Besitzungen von 20—100 ha um 23% und schließlich bei solchen von weniger als 20 ha nur um 11—13% gestiegen sind, ist mit darin zu suchen, daß die Vorteile, die die Landwirtschaft aus den Zöllen zieht, im Verhältnis zur abnehmenden Größe der Besitzungen in Fortfall kommen. Die Einnahmen aus der Viehzucht machen einen um so größerem Prozentsatz der Gesamteinnahmen aus, je kleiner das Grundstück ist. Dies ist nicht nur schon verschiedentlich nachgewiesen worden — so z. B. in einer 1901 an die Bayerische Staatsregierung gerichteten Eingabe des Bayerischen Waldbauernbundes, sowie durch die vom Österreichischen Ackerbauministerium vorgenommenen statistischen Erhebungen über die Rentabilität der Bauerngüter[1] —, es ergibt sich auch aus der Verbindung der beiden Tatsachen, daß der bei weitem größte Teil des deutschen Viehbestandes auf die kleinen Betriebe entfällt und daß diese zu Mast- oder Zuchtzwecken ihr Getreide ganz oder zum größten Teil verfüttern, eventuell sogar — was man bei Betrieben bis zu 5 ha als Regel bezeichnen kann[2] — Getreide noch zukaufen müssen. Nach der vom deutschen Landwirtschaftsrat herausgegebenen Denkschrift kamen im Jahre 1907 im ganzen auf die Größenklasse:

	Kühe %	Schweine %	Ziegen %	Hühner %	Gänse %	Enten %
unter 2 ha	9,93	23,23	73,82	96,0	98,0	85,0
2—100 „	80,32	69,42	25,96			
über 100 „	9,75	7,35	0,22	4,0	2,0	15,0

Erwägt man, daß nach der Betriebsstatistik vom 12. Juni 1907 im selben Jahre an der wirtschaftlich nutzbaren Fläche die Betriebe bis 2 ha nur mit 5,4%, die von 2—100 ha mit 72,4% und die Großbetriebe mit 22,2% beteiligt waren, so sehen wir, wie unverhältnismäßig groß die Viehhaltung der kleineren Betriebe ist. Dementsprechend können sie aus dem Getreidebau auch weniger Nutzen ziehen als der Großgrundbesitzer.

Nachdem wir nun gesehen haben, welches die Ursachen der Steigerung der Bodenpreise gewesen sind und diese Steigerung notwendigerweise dadurch, daß sie die Selbstkosten des landwirtschaftlichen Unternehmers erhöhte, zu einer entsprechenden Verteuerung der landwirtschaftlichen Produkte führen mußte, müssen wir noch die weiteren landwirtschaftlichen Produktionskosten

---

[1] Brentano a. a. O. S. 26.
[2] Wiedenfeld, „Getreidezölle", a. a. O. S. 1058.

betrachten. Um zunächst bei den Zinsen zu bleiben, dürfen wir nicht außer acht lassen, daß neben der Größe des zu verzinsenden Kapitals auch die Höhe des Zinsfußes von entschiedener Bedeutung ist. Auch hier läßt sich gerade für die Zeit von 1902—1907 ein fortgesetztes Steigen nachweisen. Der Marktzinssatz war in Berlin[1]:

Jahr	durchschnittlich	höchster	niedrigster
1902	2,19	3,63	1,50
1903	3,01	3,88	1,88
1904	3,14	4,25	2,25
1905	2,85	5,38	1,75
1906	4,04	6,00	3,13

Der Reichsbankdiskont betrug im November 1907 sogar 7 1/2 %. Zieht man die große Verschuldung der deutschen Landwirtschaft in Betracht, so ist angesichts der Tatsache, daß der verhältnismäßig billige Zinsfuß der Landschaften und Hypothekenbanken nur bis etwa zu zwei Drittel des Grundstückstaxwertes dem Landwirt zugute kommt und er daher auf privaten Kredit angewiesen bleibt, zu verstehen, wie erheblich der landwirtschaftliche Unternehmer durch den steigenden Zinsfuß bei Befriedigung des Real-, hauptsächlich aber des Personalkredites mehr belastet wird. Auf die Ursachen der Zinsfußschwankungen werden wir später zu sprechen kommen.

Der letzte Teil der Selbstkosten landwirtschaftlicher Unternehmer, der für die Verteuerung der Lebensmittel von wesentlicher Bedeutung ist, sind die Arbeitslöhne. Wenn es auch richtig ist, daß diese in einigen unserer Konkurrenzländer, z. B. den Vereinigten Staaten und Argentinien höher als bei uns sind, und wenn man auch zugeben muß, daß die Löhne unserer Landarbeiter im Verhältnis zu denen der Industriearbeiter und zu dem jetzigen Niveau der Warenpreise als nicht zu hoch bezeichnet werden können, so muß man doch feststellen, daß sie die landwirtschaftliche Produktion verteuert haben. Der Grund hierfür liegt in der obsiegenden Konkurrenz, die unserer Landwirtschaft in der Industrie erwachsen ist. Zum Teil ist es die Aussicht, später einmal eine selbständige Stellung sich zu erringen, zum Teil die Möglichkeit eines größeren Verdienstes, zum Teil — und dies in immer zunehmendem Umfange — das Stadtleben mit seinen Verlockungen und daneben mit seiner ausgedehnteren sozialen Fürsorge, die das Land immer mehr von Arbeitskräften entblößen und zwar derart, daß in vielen Bezirken die Zahl der ländlichen Arbeiter während der letzten zwei Jahrzehnte absolut

---

[1] Rudolf Martin, „Billiges Geld", Berlin 1908, S. 12.

abgenommen hat[1], während infolge des intensiveren Betriebes gerade umgekehrt die Nachfrage nach Arbeitskräften gestiegen ist. Daher ist ein großer Teil unserer Landwirte, um das Land überhaupt noch bewirtschaften zu können, gezwungen, durch andauernde Lohnerhöhungen seine Arbeiter zu halten oder andere zu verpflichten. Am ungünstigsten ist — was wir schon erwähnt haben — die Lage der kleineren und mittleren landwirtschaftlichen Betriebe. Während der Großgrundbesitz durch die vermittelnde Tätigkeit der „Feldarbeiterzentrale" in der Lage ist, billige ausländische Arbeitskräfte, die jährlich zu Hunderttausenden ins Land kommen, zu verwerten, bleibt der kleinere Besitzer auf die anspruchsvolleren inländischen Tagelöhner angewiesen, da sich die Wanderarbeiter nur zu Kolonnenarbeiten unter strenger Aufsicht eignen. Wie erheblich die Lohnhöhen der Wanderarbeiter von denen inländischer Tagelöhner abweichen, ergibt sich aus der Erwägung, daß bereits im Jahre 1892 der durchschnittliche Sommertagelohn der freien Landarbeiter in Deutschland 1,92 Mk. betrug[2], und daß im Jahre 1905 einen Gutsbesitzer, der Galizier beschäftigte, der Lohn für den zehnstündigen Arbeitstag nur 1,45 Mk. kostete, in welchem Betrag die Reisekosten, Vermittlungsgebühren und die Naturalvergütung schon mitenthalten sind[3].

Auch diese Tatsache der Mehrbelastung des kleineren Grundbesitzes, d. h. unserer hauptsächlich in Betracht kommenden Viehproduzenten, durch höhere Arbeitslöhne trägt dazu bei, daß der kleine Grundbesitz weniger rentabel ist und daher auch bei der Preissteigerung den Großgütern nicht folgen konnte.

Die Produktionskosten der anderen Gewerbe kommen als Ursachen der gegenwärtigen Teuerung kaum in Betracht, wohl aber der Handel mit ihren Produkten. Inwiefern dieser zu einer unverhältnismäßigen Mehrbelastung der Konsumenten führen kann, haben wir bereits oben gesehen. Wir wollen nun feststellen, welche Rolle der Handel überhaupt in dieser Beziehung in der Gegenwart spielt.

c) Der Handel.

Der Handel ist diejenige gewerbliche Tätigkeit, welche die Güterverteilung ohne wesentliche Veränderung der Waren gegen Entgelt besorgt. Diese Arbeit, die er verrichtet, ist eine notwendige, soweit sie jeden Konsumenten in die Lage setzt, seinen Bedarf an Waren bequem zu decken. Da nun aber das

---

[1] Wörterb. d. Volksw., 3. Aufl., II. Bd., S. 252.

[2] Brentano, a. a. O. S. 99.

[3] Derselbe a. a. O. S. 100.

Handelsgewerbe nicht um seiner selbst willen, sondern lediglich zu dem Zwecke betrieben wird, um aus ihm Gewinn zu erzielen, liegt die Gefahr nahe, daß mehr Handelsunternehmungen entstehen, als zur Versorgung der Konsumenten nötig sind. Diese Gefahr wird insofern begünstigt, als heute zum Beginn eines Handelsgewerbes weniger Kapital, als vielmehr spekulativer Unternehmungsgeist erforderlich ist. Denn der Warenhändler erhält die zum Verkauf benötigten Waren von seinen Lieferanten entweder auf Personal-, zum mindesten aber auf Realkredit, indem die Waren einstweilen im Eigentum oder in der Pfandhaft des Lieferanten bleiben. Sobald aber mehr Handelsunternehmungen bestehen, als tatsächlich notwendig sind, muß dies den Konsumenten zum Nachteil gereichen. Wir haben schon oben gezeigt, daß durch zu große Konkurrenz der Absatz des einzelnen Unternehmers eingeschränkt wird. Da diese Unternehmer nun aber nicht gewillt, meist auch nicht in der Lage sind, sich mit weniger Verdienst zu begnügen, müssen sie zusehen, die einzelnen Waren teurer als früher zu verkaufen. Derjenige Teil des Handelsgewerbes, der also zur Warenverteilung nicht unbedingt gebraucht wird, lebt auf Kosten der Konsumenten. Einen derartigen Wirtschaftszustand kann man nun für die neueste Zeit konstatieren.

Nach der Volkszählung von 1895 hatte das Deutsche Reich in diesem Jahre ungefähr 52 Millionen Einwohner, an welcher Zahl die städtische Bevölkerung mit etwa 26 Millionen beteiligt war. Man muß nun zum mindesten annehmen, daß das Handelsgewerbe zu dieser Zeit vollständig dem Zwecke, dem es untertan — der Warenverteilung —, gerecht geworden ist. Denn bei der soeben erwähnten Leichtigkeit, ein Handelsgewerbe — mit Ausnahme des Geldhandels- und Bankgewerbes — zu eröffnen, ist es selbstverständlich, daß, sobald sich auch nur die geringste Aussicht bietet, einen ausreichenden Kundenkreis zu gewinnen, bei dieser angenehmen Art Geld zu verdienen und bei der Überfüllung der andern Berufe diese Gelegenheit nicht unbenützt gelassen ist. Im Jahre 1907 zählte das Deutsche Reich etwa 62,5 Millionen Einwohner; auf die Städte entfielen davon ungefähr 37 Millionen. Daß diese Bevölkerungszunahme und besonders das Anwachsen der Städte eine Ausdehnung des Handelsgewerbes notwendig gemacht hat, ist klar. Es fragt sich nur, inwieweit diese Ausdehnung notwendig war, um die größere Menschenzahl mit Waren zu versorgen. Man darf nicht verkennen, daß nicht jedes Hinzukommen von Menschen in einen bestimmten Interessentenkreis schon eine Erweiterung des Handelsgewerbes notwendig macht. Dies würde nur dann der Fall sein, wenn die betreffenden Geschäfte bei intensivster Leistungsfähigkeit keinen weiteren Kunden mehr bedienen könnten. Wieweit davon entfernt aber unsere Kleinhandels=

geschäfte schon seit absehbarer Zeit gewesen sind, dürfte keines weiteren Beweises bedürfen. Man muß also zugeben, daß, wenn die Bevölkerung von 1895—1907 um einen gewissen Prozentsatz gestiegen ist, das Handelsgewerbe deshalb noch nicht um den gleich großen Prozentsatz erweiterungsbedürftig war. Dies war um so weniger erforderlich, als in unseren Städten doch gerade die arme und unbemitteltere Bevölkerung hauptsächlich infolge der Industrialisierung an Zahl so zugenommen hat, und der Warenbedarf dieser Klasse nur ein äußerst geringer ist und auf die wichtigsten und billigsten Lebensmittel beschränkt bleibt. In welchem Mißverhältnis nun die Ausdehnung des Handelsgewerbes zu der Bevölkerungszunahme steht, zeigen folgende Zahlen:

Die Zahl der Erwerbstätigen, die am zuverlässigsten über den Umfang des Gewerbes uns unterrichtet, betrug im Waren= und Produktenhandel im Jahre 1895 997 270 und im Jahre 1907 1 454 842, ist also in dieser Zeit um 46 % gestiegen. Die Gesamtbevölkerung Deutschlands ist aber in dieser Zeit nur um rund 20 % gestiegen, wobei allerdings die Bevölkerungszunahme in den Städten von 2000 und mehr Einwohnern um etwa 42 % angewachsen ist. Da sich aber das Absatzgebiet des Waren= und Produktenhandels nicht nur auf die Städte über 2000 Einwohner, sondern auch auf noch kleinere Städte, Marktflecken, Dörfer und auch auf die in Einzelgehöften wohnende Landbevölkerung zum Teil wenigstens bezieht, wird man das Anwachsen des Kundenkreises für den Waren= und Produktenhandel in einer Zahl erblicken müssen, die zwischen 20 und 42 % liegt. Nach den obigen Ausführungen steht aber die tatsächliche Ausdehnung des Waren= und Produktenhandels zu der eben in Erwägung gezogenen Zahl in einem ganz auffallenden Mißverhältnis.

Am stärksten ist hierbei wohl die Ausdehnung des Warenhandels mit Kolonial=, Eß= und Trinkwaren. Während die Zahl der Hauptbetriebe des Warenhandels im stehenden Betriebe sich von 1895 bis 1907 um 26 % vermehrt hat, beträgt diese Vermehrung beim Handel mit Kolonial=, Eß= und Trinkwaren allein 31 %.

Eine Folge dieser Überfüllung des Handelsgewerbes und des durch den verringerten Absatz der einzelnen Unternehmungen verursachten Preisaufschlags, ist das Bestreben der Handelsgewerbetreibenden, die lästige Konkurrenz durch Gewährung scheinbarer Vorteile für die Konsumenten zu verdrängen. Hierhin gehört zunächst die Reklame, welche in Wort und Bild und auf jede nur erdenkbare andere Weise die Güte der eigenen Waren als über jeglicher Konkurrenz stehend hinstellt. Der Nachteil dieser Reklame ist ein doppelter: 1. nützt sie wenig, da die Konkurrenzunternehmungen gezwungenerweise dieselbe Reklame machen; 2. vergrößert sie die Selbstkosten des Handelsunternehmens. Ein anderer scheinbarer Vorteil für den Konsumenten liegt in der „Ausstattung" gewisser Warengattungen. Diese Ausstattung besteht meist in einer mehr oder weniger künstlerischen Verpackung oder auch in einer direkten Einwirkung auf die Ware selbst. Daß der Konsument sie schließlich doch mitbezahlt, dürfte auf der Hand liegen. Ebenso verhält es sich mit den Erleichterungen, die der Kaufmann dem Konsumenten durch freie Lieferung der Waren ins Haus seitens besonders hierzu angestellten Personals häufig gewährt. Der ausschlaggebendste scheinbare Vorteil für die Konsumenten, der in den meisten Fällen auch den erwarteten Erfolg bringt, beruht in der Gewährung von Kredit. Daß dieser zu einer erheblichen Verteuerung der Waren führen muß, haben wir bereits gezeigt. Das Kreditunwesen gelegentlich der Versorgung des Konsumenten mit Waren hat heute einen so gewaltigen Umfang meist deswegen angenommen, weil bei den ständig mehr erschwerten Einkommensverhältnissen tatsächlich ein immer größerer Prozentsatz der Konsumenten auf Kredit angewiesen ist. Daher bilden sich immer mehr jene reinen Kreditunternehmen, die für die wirtschaftlich Schwachen berechnet sind, die aber doch meist so gerissen vorgehen, daß sie selbst bei Zahlungsunfähigkeit ihrer Käufer die besten Geschäfte machen, indem sie den Käufer zu regelmäßigen Abzahlungen verpflichten und sich bis zur völligen Bezahlung des Kaufpreises das Eigentumsrecht an den verkauften Gegenständen vorbehalten. Wenn auch durch das Gesetz vom 16. Mai 1894 jene früher so beliebte Verwirkungsklausel, nach der im Falle von Zahlungsstockungen die schon geleisteten Ratenzahlungen nebst dem Gegenstande selbst Eigentum des Verkäufers blieben, für nichtig erklärt ist, so erhält auch heute noch der Geschäftskunde eines derartigen Unternehmens, wenn er die angefangenen Ratenzahlungen nicht weiter bewirken kann und der Kaufgegenstand ihm wieder abgenommen wird, so gut wie gar nichts von seinem Gelde zurück; denn die Kaufvertragsbedingungen sind meist so gefaßt, daß die geleisteten Ratenzahlungen fast ganz als Wertminderungen infolge Abnutzung in Abzug gebracht werden. Aber auch abgesehen von diesen Abzahlungsbazaren, Kredithäusern oder wie sie sonst heißen mögen, die sich sogar neuerdings zwecks Wahrnehmung ihrer gemeinsamen Interessen zu einem Verbande zusammengeschlossen haben, ist auch die Ware in allen anderen Geschäften, die Waren auf Kredit verkaufen, teurer. Da es nicht durchführbar ist, daß Handelsgeschäfte zweierlei Preise von vornherein festsetzen, — solche für Bar- und solche für Kreditgeschäfte —, so richten sich die Preise natürlich nach den für den Verkäufer günstigeren Berechnungen. Es zahlen daher in der Mehrzahl derartiger Geschäfte, die überhaupt ihren Kunden Kredit gewähren, auch die Barzahlenden die erhöhten Kreditpreise. Leider achten die wenigsten Käufer auf den Geschäftsgang ihrer Bezugsquellen in dieser Beziehung!

d) Die Geldentwertung.

Wir haben bereits zu Anfang dieser Abhandlung gesehen, daß der Wert des Geldes in der Kaufkraft ein und derselben Geldsumme, der Geldeinheit, besteht, und daß dieser Wert sinkt, sobald die Waren im Preise steigen oder die Schwierigkeit der Erlangung einer gewissen Geldsumme kleiner wird. Alle die Momente also, die wir auf seiten der Waren als Ursachen einer Preissteigerung soeben erkannt haben, haben zugleich durch die eingetretene Preiserhöhung den Wert der Geldeinheit verringert, und dieser geringere Wert des Geldes hat seinerseits wieder weitere Preissteigerungen zur Folge. Der heutige — sowie jeder frühere — außergewöhnlich hohe Stand der Warenpreise ist also durch jene Wechselwirkung der Warenpreise auf den Geldwert und des Geldwertes auf die Warenpreise verursacht worden, eine Wirkung, die gleich einem perpetuum mobile die Tendenz hat, sich von selbst unaufhörlich weiter zu bewegen.

Da nun aber der Wert des Geldes nicht allein von der Höhe der Warenpreise, sondern auch von der Schwierigkeit der Beschaffung von Geld abhängt, müssen wir nunmehr noch prüfen, in welcher Weise die Schwierigkeit der Beschaffung die Kaufkraft des Geldes beeinträchtigt, und ferner, ob diese Momente tatsächlich zu den Zeiten vorhanden waren, in denen sie mit einer Verteuerung der Waren in ursächlichen Zusammenhang gebracht werden können. Gelingt es uns, einige dieser Momente zu konstatieren, so ist klar, daß jedes einzelne, indem es die Kaufkraft des Geldes verringert, die Warenpreise erhöht, und daß hierdurch dann die erwähnte Wechselwirkung zwischen Warenpreissteigerung und Geldentwertung auch wieder in Aktion gebracht wird.

Der Grad der Schwierigkeit der Beschaffung von Geld hängt zunächst von dem Verhältnis des Angebots zur Nachfrage oder mit anderen Worten von dem Verhältnis der Geldsumme, die dem freien Verkehr zur Verfügung steht, und der Summe, die von der Gesamtheit aller mit der begründeten Aussicht auf tatsächliche Erlangung begehrt wird, ab. Es ist selbstverständlich, daß wir unter der Nachfrage nur die effektive Nachfrage, die dem Angebot die entsprechenden Gegenwerte, seien sie materieller oder immaterieller Natur, oder im Falle des Kreditbegehrs die nötigen Garantien für die Zurückerstattung entgegenhalten kann, verstehen dürfen. Denn sonst wäre die Summe, die von der Gesamtheit aller begehrt wird, unendlich.

Die Geldentwertung.

Für unsere Betrachtung kommt nur das deutsche Geld, also das Metallgeld, die Reichskassenscheine und Banknoten in Frage; soweit ausländisches Geld sich im Verkehr befindet, hat es nur nach seiner Umwertung nach deutschem Gelde Bedeutung. Zu dem Gelde, das dem freien Verkehr zur Verfügung steht, gehört alles sich in bewußtem Besitz und Eigentum befindliche Geld, soweit es nicht die Bestimmung hat, unbenutzt zu Spar- oder Reservezwecken für eine gewisse Zeit liegen zu bleiben. Zu nicht außergewöhnlichen Zeiten wird heutzutage niemand mehr — mit Ausnahme der Banken, denen zur Notenausgabe und zum Aufbau anderer Einrichtungen eine gewisse festliegende Bardeckung zur Bedingung gemacht ist, — Geld als totes Kapital bei sich behalten. Die Zeiten, in denen man das Geld für den Fall der Not versteckte und vergrub, sind längst vorüber. Aber auch die Fälle, in denen die Unternehmungen zur Bestreitung einzelner, vorhersehbarer oder auch nicht vorhersehbarer Ausgaben größere Bargeldbestände zusammensparen und dem Verkehr somit entziehen müssen, werden immer seltener. Unser modernes Bankwesen gibt uns die Möglichkeit, all unser Geld bis auf den letzten Augenblick zu unserem eigenen Vorteile dem Verkehr zu überlassen. Wir heben das Geld erst dann ab, wenn wir es brauchen, — natürlich um es auszugeben. Und mit diesem selben Augenblick ist dies Geld wieder dem freien Verkehr zur Verfügung gestellt. Mit der steten Ausdehnung, die dieser Kontokorrent- und Depositenverkehr gewinnt, wächst ständig das Angebot von barem Geld. Im übrigen wird es durch die Neuprägung von Münzen und durch die Ausgabe von Papiergeld vermehrt.

Dem Angebot von Geld steht die effektive Nachfrage gegenüber. Wenn diese Nachfrage auch durch den Geldbedarf der Gesamtheit motiviert wird, so geht der Geldbedarf doch weit über die Nachfrage hinaus. Denn wir haben erkannt, daß nur der vernünftigerweise den Geldmarkt in Anspruch nehmen kann, der dem Geldgeber entweder den entsprechenden Gegenwert, zum mindesten aber eine ausreichende Garantie für die Rückzahlung des Darlehns geben kann. Es erübrigt sich daher für uns hier die Frage nach der Größe des Geldbedarfs. Wir werden uns damit begnügen, festzustellen, daß der Bedarf an barem Geld, der durch die berechtigte Nachfrage gedeckt ist, in ständigem Abnehmen begriffen ist.

Wenn aber, wie wir sehen werden, das Angebot von Geld immer größer, die Nachfrage dagegen immer kleiner wird, so kommen wir notwendigerweise zur Feststellung der Tatsache, daß die Schwierigkeit, die sich der Beschaffung von Geld entgegenstellt, zugleich aus doppelter Veranlassung abnimmt. Auf Grund dieser Tatsache, die wir bereits theoretisch als die Ursache der Geldentwertung kennen gelernt haben, kommen wir dann zur

Erklärung des Wirtschaftszustandes, in dem der Käufer immer mehr geneigt wird, für dieselbe Ware eine größere Summe herzugeben, und es auf das begreifliche Drängen jedes Verkäufers hin auch tut, also des Wirtschaftszustandes, in dem die Kaufkraft des Geldes sich verringert.

Wenn wir die Summen des in Deutschland vorhandenen Geldes betrachten, beobachten wir bei allen Geldsorten mit Ausnahme der Reichskassenscheine, deren Gesamtbetrag in Höhe von 120 Millionen Mark festgelegt ist, ein Anwachsen ihres Bestandes. So ist der Gesamtmetallgeldbestand des Deutschen Reiches von Ende 1879 bis Ende 1909 von 2450 Millionen Mark auf 4700 Millionen Mark gestiegen. In dem letzterwähnten Jahre stellte sich der gesamte deutsche Notenumlauf auf 1731,2 Millionen Mark[1], während er im Jahre 1879 erst 990,1 Millionen Mark betrug[2]. Der gesamte Geldvorrat des Deutschen Reiches hat sich also in diesem Zeitraum von 30 Jahren annähernd verdoppelt. Indessen deckt sich dieser gesamte Geldvorrat natürlich nicht mit der dem freien Verkehr zur Verfügung stehenden Summe, d. h. mit dem Angebot. Aus dem Gesamtgeldvorrat in den beiden erwähnten Jahren scheidet zunächst das Bargeld, das die Banken als Grundlage für den Scheck=, Giro= und Abrechnungsverkehr benötigen, sowie die Bardeckung für Notenausgabe der Notenbanken aus. Was nun zunächst das für den Scheck=, Giro= und Abrechnungsverkehr benötigte Bargeld betrifft, so ist es selbstverständlich, daß diese Summe verhältnismäßig um so kleiner sein kann, je größer der Kreis derjenigen ist, die sich derartiger Banknoten bedienen. Denn mit dem Anwachsen der Kundenzahl nimmt zugleich die Zahl der Fälle ab, in denen die Bank zur Auszahlung von Bargeld genötigt ist, da die Wahrscheinlichkeit viel näher liegt, daß die Zahlungsanweisung für die Bank sich auch auf einen Konteninhaber bezieht[3]. Daß aber tatsächlich die Zahl der Kontoinhaber enorm gestiegen ist, beweisen z. B. die Zahlen der Girokunden der Reichsbank, die im Jahre 1877 3245, im Jahre 1909 aber 24 835, also ungefähr achtmal so viel betrugen. Auch der Abrechnungsverkehr, der es den Kunden verschiedener Banken erst ermöglicht, in diese Bargeld ersparende Beziehung zu treten, hat sich in Deutschland — wenn auch weniger wie in anderen Ländern — doch immer mehr entwickelt und vervollkommnet[4]. Wir sind deshalb wohl zu der Annahme berechtigt, daß die Barbestände, die für diesen Bankenverkehr benötigt werden, jetzt

---

[1] Helfferich a. a. O. S. 180/81.
[2] Handwörterbuch der Staatswissensch., 2. Aufl., II. Bd., S. 218.
[3] Wicksell, „Geldzins und Gutswert", Jena 1898, S. 61.
[4] Wörterb. d. Volksw., 3. Aufl., I. Bd., S. 9.

Die Geldentwertung. 47

verhältnismäßig bedeutend kleiner sind als vor etwa 30 Jahren, m. a. W. daß durch sie das Angebot von Bargeld verhältnismäßig ständig weniger geschmälert wird.

Die gleiche Feststellung können wir bezüglich der Bardeckung für die Notenausgabe machen. Diese mußte schon aus dem Grunde früher verhältnismäßig größer sein, da das steuerfreie Kontingent bedeutend kleiner als jetzt war. Außerdem aber weisen die zunehmenden Kontingentsüberschreitungen der Reichsbank darauf hin, daß der Betrag der Bardeckung einen immer kleiner werdenden Teil des Betrages der ausgegebenen Noten ausmachen muß. Die Zahl dieser Kontingentsüberschreitungen betrug bei der Reichsbank[1]:

	ihre Zahl	ihre Summe Mill. Mk.
1881—85	5	92,79
1886—90	10	585,77
1891—95	4	254,60
1896—00	71	8184,27
1901—05	31	4229,46
1906—09	74	1 5085,58

Entsprechend der Zunahme der Kontingentsüberschreitungen bewegt sich daher auch die durchschnittliche Bardeckung der deutschen Banknoten auf deutlich absteigender Linie; diese betrug[2]:

1876—80	85,0 %
1881—85	84,1 %
1886—90	91,9 %
1891—95	95,1 %
1896—00	99,5 %
1901—05	77,9 %
1906	68,4 %
1907	64,1 %
1908	72,8 %
1909	72,0 %

Das Hauptmoment, das für die Bargeldersparung und infolgedessen für die Vergrößerung der dem freien Verkehr zur Verfügung stehenden Summe in Betracht kommt, besteht darin, daß die Gelder, die die Grund=

---

[1] Wörterb. d. Volksw., 3. Aufl., I. Bd., S. 472.
[2] „Die Reichsbank 1876—1900", Denkschrift, Berlin, S. 304; Wörterb. d. Volksw., 3. Aufl., II. Bd., S. 468, Anm. 1 auf Spalte 2.

lage für den Giroverkehr bilden und in ihrem Bestand verhältnismäßig nur geringen Veränderungen unterworfen sind, gleichzeitig zur Deckung für die Notenausgabe fungieren[1].

In zweiter Linie scheidet aus dem Gesamtgeldvorrat das Bargeld aus, das im privaten Verkehr als Reserve für gewisse Zwecke angesammelt und so dem Geldmarkt entzogen wird. Das Geld, das der Beamte am Ersten des Vierteljahres oder des Monats erhält und in seiner Kasse einschließt, fließt erst ganz langsam wieder auf den Geldmarkt zurück; es kann aber auch sofort nach der Löhnung dem freien Verkehr wieder zur Verfügung stehen. Einmal geschieht das dann, wenn der Beamte im vergangenen Vierteljahr oder einem anderen Zeitabschnitt die Güter, deren er bedurfte, sich im Wege des Kredits verschafft hat und nun nachträglich seine ganzen Schulden auf einmal begleicht. Die große Ausdehnung, die, wie wir gesehen, aus den mannigfachsten Ursachen der Kreditkauf angenommen hat, trägt gerade immer mehr dazu bei, daß diese Art der Pauschalzahlung stets mehr in Gebrauch kommt, daß also das Geld, sobald es dem Verkehr entzogen zu werden droht, auch schon wieder in seinem ganzen Betrage dem Geldmarkt zufließt, daß auf diese Weise viele — insbesondere diejenigen mit Gehalt oder gehaltsähnlichem Einkommen — nur ganz wenige Tage im Jahr Geld in Händen haben und die übrige Zeit daher wiederum auf Kredit angewiesen bleiben. Der einmalige Anfang einer derartigen nachträglichen Zahlungsweise bedeutet in der Regel eine dauernde Garantie für die Bereicherung des Geldmarktes.

Ein ähnlicher Prozeß kann sich auch bei dem Geschäftsmann, der von dauernden Einnahmen lebt, abspielen. Er kann das regelmäßig einkommende Geld in seiner Kasse liegen lassen und so lange ansparen, bis es einen bestimmten größeren Betrag, den er zu einer voraussehbaren oder bereits festgelegten Zahlung braucht, erreicht hat; er kann sich aber auch mit einem Geldinstitut derart in Geschäftsverbindung setzen, daß er jeden namhaften Betrag sofort nach seinem Eingang diesem überweist und gegen Verzinsung zur weiteren Verwertung überläßt, und daß er im Falle des Bedarfs jederzeit jeden größeren Betrag — natürlich bis zu einer Maximalhöhe — von diesem Geldinstitut zur Verfügung gestellt bekommt. Auch auf diese Art und Weise wird Bargeld in nur ganz geringem Betrage und für verhältnismäßig kurze Zeit dem freien Verkehr entzogen, der Geldmarkt also bereichert. Auch dieser Kontokorrent- und Depositenverkehr hat zugleich mit der Entwicklung unseres Bankwesens heute einen weit größeren Umfang

---

[1] „Die Reichsbank" 1876—1900", S. 68.

Die Geldentwertung.

angenommen, als er ihn vor etwa 30 Jahren schon besaß. — So sehen wir also, daß nicht nur der Gesamtgeldvorrat des Deutschen Reiches ständig zugenommen und sich in 30 Jahren fast verdoppelt hat, sondern daß auch derjenige Teil dieser Summe, der dem freien Verkehr zur Verfügung stand, also das Angebot darstellte, unverhältnismäßig größer geworden sein muß. Schon hieraus würde sich bei gleichgebliebener Nachfrage darauf schließen lassen, daß die Schwierigkeit der Beschaffung von Geld geringer geworden ist.

Nun ist ja scheinbar mit dem vergrößerten Angebot auch die Nachfrage nach Bargeld gestiegen, und zwar deshalb, weil in diesem Zeitraum die Bevölkerung des Deutschen Reiches um etwa 42% sich vermehrt hat. Aber diese Steigerung der Nachfrage ist nur eine scheinbare; in Wirklichkeit ist sie, wie wir gleich erkennen werden, ganz beträchtlich kleiner geworden.

Wir müssen zunächst feststellen, welcher Teil des Geldbedarfs von der effektiven Nachfrage erfaßt wird. Zu der ersten Gruppe der hier in Betracht kommenden Geldsuchenden gehören diejenigen Personen und Personenvereinigungen, die Äquivalente für das benötigte Geld hergeben können, ganz gleich ob diese Äquivalente materieller oder immaterieller Natur sind, also sowohl Waren als auch körperliche und geistige Dienstleistungen und Rechte, einschließlich der Forderungsrechte. Wer also auf diesem Wege Geld sucht, muß in der Lage sein, seinem Kontrahenten etwas Gleichwertiges als Entgelt hinzugeben. Zu dieser Gruppe gehören in erster Reihe die Gewerbetreibenden, sowohl diejenigen, die sich mit der Produktion befassen, als auch diejenigen, die mit fertigen Waren handeln. Sodann kommen die Eigentümer, sowohl die von Sachen als auch die von Rechten, die die Veräußerung ihres Besitzes nicht gewerbsmäßig betreiben, sondern nur deshalb vornehmen, um sich in den Besitz anderer Güter zu setzen. Drittens gehören hierzu alle diejenigen, die durch Leistung körperlicher oder geistiger Dienste Geld erwerben wollen, also Arbeiter jeglicher Kategorie. Schließlich kommen noch die öffentlichen Korporationen in Betracht.

Wie ist nun das Verhalten dieser Gewerbetreibenden, Eigentümer, Arbeiter und öffentlichen Korporationen zu der Nachfrage nach Bargeld? Voraussetzung — wie wir schon gesagt haben — ist für die Nachfrage der wirkliche Bedarf an Bargeld. Wer keinen Bedarf an Bargeld hat, der wird sich auch der Mühe überheben, vom Geldmarkt gegen Hingabe von Äquivalenten oder Stellung von Garantien für die Rückgabe Geld zu fordern. Bei der Gruppe der Gewerbetreibenden wird die Nachfrage nach Bargeld nun ausschließlich durch Zweckmäßigkeitsgründe bestimmt, d. h. durch die

Erwägung, daß nur der Besitz von soviel Bargeld vorteilhaft ist, als man zur realen Ausgabe braucht, und daß alles übrige Geld vorteilhafter dem Geldmarkt zur Verfügung gestellt wird. Der Gewerbetreibende braucht nun entweder bar Geld, um seine Arbeiter zu löhnen und die Geschäftsunkosten zu bestreiten, oder dazu, sich die Mittel zum Weiterbetriebe seines Gewerbes zu beschaffen und zu erhalten. Die Arbeitslöhne und Geschäftsunkosten stellen hierbei den bei weitem geringsten Teil seines Geldbedarfs dar. Die größten Ausgaben muß er machen, um seine Anlagen, seine Maschinen und Waren zu bezahlen. Nun aber ermöglicht es ihm die moderne Einrichtung des Giro- und Abrechnungsverkehrs, daß dieser soeben erwähnte, bei weitem größte Teil des Bedarfs an Bargeld in Fortfall kommt. Als Girokunde der Bank braucht er nicht an seine Gläubiger, die ebenfalls ein Girokonto besitzen, zu zahlen, sondern die Bank zahlt für ihn, indem sie sein Guthaben entsprechend erniedrigt und das der Zahlungsempfänger entsprechend erhöht.

Mit dem Bedarf an Bargeld fällt natürlich auch die Nachfrage fort. Das Begehren der Gewerbetreibenden erstreckt sich daher nicht mehr darauf, Geld für ihre Waren zu bekommen, sondern nur darauf, um ihren Gegenwert bereichert zu werden. Und da die Käufer auch — was meist der Fall ist — ein Girokonto besitzen, wird dieser Zweck dadurch erreicht, daß ihr Guthaben um die Kaufsumme erhöht und das ihrer Schuldner um diesen Betrag gekürzt wird. Aus diesen Überweisungen setzt sich gleichzeitig und hauptsächlich neben gelegentlichen Bareinzahlungen ihr Guthaben zusammen. Soweit noch ein Bedarf an Bargeld zum Zwecke der Löhnung der Arbeiter und zur Bestreitung der gewöhnlichen Geschäftsunkosten und täglichen anderen Ausgaben übrig bleibt, bleibt die diesen Bedarf deckende Nachfrage nach Bargeld natürlich auch bestehen.

Mit der rapiden Entwicklung, die dieser Giro- und Abrechnungsverkehr bei uns in Deutschland nimmt, ist es zu erklären, daß um die großen Summen, die das Gewerbe früher vom Geldmarkt begehrte, die Nachfrage nach Bargeld jetzt entlastet ist.

Wieviel Bargeld durch diesen Giro- und Abrechnungsverkehr in immer größerem Umfange erspart, um welche Beträge also dementsprechend die Nachfrage entlastet wird, ergibt sich aus dem Verhältnis der Barbestände der Banken und dem auf Grund dieser Barbestände bewirkten Umsatz. Im Giroverkehr der Reichsbank hat z. B. in den Jahren 1894 und 1895 ein Pfennig Bargeld einen Jahresumsatz von 4,35 Mk. bewältigt, d. h. während ohne den Giroverkehr in jedem dieser beiden Jahre die Nachfrage nach 4,35 Mk. Bargeld hätte befriedigt werden müssen, wurde derselbe Zweck dadurch erreicht, daß ein Pfennig für die Dauer eines Jahres dem freien

Verkehr entzogen war. Im Jahre 1900 hat ein Pfennig einen Umsatz von 8,18 Mk., im Jahre 1907 sogar von 12,60 Mk. bewältigt[1].

Zu der Gruppe der Geldsuchenden, die Äquivalente zur Erlangung von Bargeld hergeben, gehören dann weiter alle diejenigen, die wir als Eigentümer von Sachen und Rechten bezeichnet haben. Daß ihr Geldbedarf die Nachfrage nicht wesentlich verstärkt, liegt teils daran, daß sie ihren Besitz nicht regelmäßig, sondern nur gelegentlich veräußern, und daß sie infolgedessen nur sehr selten als Geldsuchende auftreten, teils daran, daß die größten Werte, die sie zur Erlangung von Geld herzugeben imstande sind, in Realbesitz bestehen und der Käufer bei der allgemein großen Verschuldung der Grundeigentümer oder jedenfalls bei der hohen Belastung der Grundstücke mit Realschulden nur den kleinsten Teil des Kaufpreises in Bargeld hinzugeben braucht, indem er die Schulden des Vorgängers übernimmt. Die wachsende Verschuldung der Grundbesitzer, von der wir bereits oben gesprochen haben, verhindert, daß durch die steigenden Grundstückswerte auch die Nachfrage nach Bargeld vergrößert wird.

Was nun die Nachfrage nach Geld seitens der Arbeiter, die körperliche oder geistige Dienste verrichten, anbelangt, so kommen hier nur diejenigen von ihnen in Betracht, die nicht gegen bestimmtes festes Gehalt angestellt sind. Sobald sie nämlich gegen eine solche von ihren Leistungen im wesentlichen unabhängige Vergütung beschäftigt werden, ist das Besorgen ihres Lohnes nicht ihre Sache, sondern Sache ihrer Arbeitgeber. Daß es einen Unterschied macht, wer hier als Geldsuchender auftritt, der Arbeiter oder der Arbeitgeber, werden wir später sehen. Abgesehen hiervon ist es selbstverständlich, daß man die Nachfrage nicht doppelt belasten kann, nämlich einmal mit dem Betrage, den die Arbeiter als Lohn begehren und zweitens mit demselben Betrage, den sich der Arbeitgeber zum Zwecke ihrer Löhnung verschaffen muß. — Anders verhält es sich natürlich mit den Arbeitern, die in keinem festen Dienstverhältnis stehen und die in freiem Wettbewerb für ihre Arbeit sich Geld zu verschaffen suchen.

Die öffentlichen Korporationen leiten uns zur Gruppe derjenigen Geldsuchenden über, die für das gesuchte Geld keine Äquivalente, sondern nur Garantien für seine Rückerstattung geben. Die Geldmittel, die solche Korporationen für ihre Zwecke benötigen, sind im allgemeinen sehr erheblich. Aber zum großen Teil wird dieser Bedarf an Geld von den Angehörigen der Gemeinde als Abgaben und Steuern aufgebracht. Da die Mitglieder zu diesen Leistungen verpflichtet sind und hierzu gezwungen werden können,

---

[1] Helfferich a. a. O. S. 495/96.

kommen diese Forderungen der öffentlichen Korporationen für die Verstärkung der Nachfrage nicht in Betracht; man könnte sie höchstens als eine zeitweise Verringerung des Angebotes von verkehrsfreiem Gelde auffassen. Wichtiger sind für die Nachfrage die Beträge, die sich die Korporationen im Wege des Kredits beschaffen müssen, wenn sie auch gegenüber den Umsätzen, die der Handel und das Gewerbe aufzuweisen hat, zurücktreten, da sie nur in großen Zeitabständen benötigt werden. Da diese Hauptsummen meist im Wege konzessionierter Anleihen aufgebracht werden durch Ausstellung von Schuld=
verschreibungen auf den Inhaber, so wird im selben Augenblick auch die eben belastete Nachfrage schon wieder entlastet, da diese Urkunden mit ihren Zinsscheinen dieselben Dienste wie bares Geld leisten und auf dem Geld=
markte auch wie Geld behandelt werden.

Im übrigen sei an dieser Stelle darauf hingewiesen, daß heute ebenso wie die oben erwähnten und ähnliche Urkunden noch viele andere Geld=
surrogate wie Schecks, Wechsel, Zins= und Dividendenscheine, Briefmarken u. a. m. in immer weiterem Umfange die Nachfrage entlasten, dadurch daß sie Geldfunktion verrichten. So ist es ganz insbesondere der Wechsel, der hauptsächlich dem Kaufmann zur Beschaffung von Kredit gegen Garantie dient, der dafür sorgt, daß, wie auch die Nachfrage nach Bargeld durch die Kreditsuchenden belastet sein mag, sofort wieder ebensosehr entlastet wird. Der Scheck, der abgesehen von seiner Bedeutung im Giroverkehr hier eine ganz selbständige Rolle als Zirkulationsmittel spielt, indem er vom Empfänger zur Zahlungsleistung an einen Dritten usw. weitergegeben wird, gewinnt auch in Deutschland nach und nach durch den immer populärer werdenden Postscheckverkehr ständig an Bedeutung, so daß auch durch ihn immer mehr bar Geld erspart wird. Die Belastung der Nachfrage nach Bargeld durch Kredit ohne die Ausstellung derartiger, Geldfunktion verrichtender Urkunden spielt eine verschwindend kleine Rolle.

Ziehen wir nun das Fazit aus unserer letzten Betrachtung, so sehen wir, daß die Nachfrage nach Bargeld im Verhältnis zu früher ihrem Um=
fange nach nicht belastet, verstärkt, sondern im Gegenteil entlastet, ver=
ringert ist. Ebenso wie der Umfang der Nachfrage hat aber auch die Zahl derer abgenommen, von denen sie ausgeübt wird. Es ist nicht gleichgültig, ob ein einziger eine gewisse Summe sich verschaffen will, oder ob mehrere nebeneinander dies gleiche Bestreben betätigen. Im letzteren Falle ist es klar, daß sie sich gegenseitig überbieten, d. h. einer wird, um sein Ziel zu erreichen, immer geneigt sein, ein größeres Entgelt als die andern hinzu=
geben. Sie werden also in gegenseitiger Konkurrenz die Kaufkraft derselben Summe erhöhen. Je weniger umgekehrt nun die Nachfrage nach Geld aus=

üben, je geringer wird die Schwierigkeit sein, eine gewisse Summe Geld sich zu verschaffen, je geringer wird also auch das Entgelt sein, das sie für diese Summe herzugeben brauchen, um so geringer wird also m. a. W. auch die Kaufkraft des Geldes sein. — Trotz der Vermehrung der Bevölkerung des Deutschen Reiches können wir doch annehmen, daß die Nachfrage nach Geld nicht von einer immer größer, sondern im Gegenteil einer immer kleiner werdenden Anzahl Geldsuchender ausgeübt wird. Wir haben bereits gesehen, daß nicht die Arbeiter, sondern nur die Arbeitgeber für die Verstärkung der Nachfrage in Betracht kommen. Dasselbe gilt von den Beamten und den Korporationen, bei denen sie angestellt sind. Wie also auch die Zahl der Arbeiter und Beamten anschwellen mag, die Zahl der Geldsuchenden wird hierdurch nicht vermehrt. Es kommt nur darauf an, ob der Arbeitgeber mehr oder weniger werden. Wir können letzteres feststellen. Von der Erkenntnis der Vorteile ausgehend, die der Zusammenschluß der vielen Einzelnen zu einem einzigen Subjekt und die Größe des Betriebes mit sich bringt, bilden sich im Gewerbe immer mehr die Großbetriebe heraus und zwingen durch ihre Macht die Kleinbetriebe und selbständigen Handwerker nieder. Die Ausdehnung, die unser Genossenschaftswesen bei uns gewonnen hat, ist der beste Beweis für die Richtigkeit unserer Feststellung.

Ein weiteres Moment, das die Schwierigkeit, die sich der Beschaffung von Geld in den Weg stellt, ständig verringert, haben wir in der vermittelnden Tätigkeit des Geldhandels, hauptsächlich also unserer Bankgeschäfte zu erblicken. Der Geldhandel, der ebenso wie auch der Warenhandel diese vermittelnde Tätigkeit seines eigenen Vorteils wegen betreibt, kommt der Nachfrage entgegen, stellt ihr gegen angemessene Garantien seinen Kredit in der bequemen Form von ständigen Konten zur Verfügung und gibt auch im einzelnen Falle dem Geldsuchenden Kredit gegen Verpfändung von Waren und anderen Werten. Dank unserer gesicherten und durchgebildeten Rechtsordnung, die wir hier nicht unerwähnt lassen dürfen, ist der Geldhandel in der Lage, eine Anzahl von Urkunden wie Wechsel, Schuldverschreibungen, Pfand- und Hypothekenbriefe wie Geld anzusehen und gegen Geld umzutauschen. M. E. ist gerade die wachsende Größe des Umsatzes, den der Wechselverkehr in Deutschland bewältigt hat, ein deutliches Zeichen dafür, daß die Schwierigkeit, sich Geld zu besorgen, geringer geworden ist. Der Betrag der im Umlauf befindlichen Wechsel betrug im Jahr

    1894 14,7 Millionen Mark,
    1900 23,3   "   "
    1902 21,5   "   "
    1907 30,7   "   "

Außer dem Geldhandel kommen aber auch in immer höherem Maße die Geldinstitute, die die Geldvermittlung nicht gewerbsmäßig betreiben, für die Erleichterung der Nachfrage in Betracht. Vereine und Vereinigungen gründen derartige Hilfskassen und setzen ihre Mitglieder in die Lage, sich bequemen und billigen Kredit zu verschaffen. Eine große Bedeutung kommt in dieser Beziehung auch der im Jahre 1911 gegründeten Geldvermittlungsstelle des deutschen Städtetages zu.

Die Schwierigkeit, sich Geld zu beschaffen, ist also aus doppelten Gründen im Abnehmen begriffen. Das Angebot wächst, gleichzeitig läßt die Nachfrage nach. Es ist daher nur allzu natürlich, daß die Käufer von Waren immer mehr geneigt werden, größere Beträge als Entgelt für die Kaufgegenstände herzugeben, daß infolgedessen die Kaufkraft des Geldes geringer wird. Der Käufer, von dem der Verkäufer stets die möglichst größte Summe zu erlangen sucht, sagt sich, daß er sich ja mit Leichtigkeit mehr Geld zu verschaffen imstande ist, und gibt daher viel eher als vordem dem Drängen des Verkäufers nach. Die geringere Schwierigkeit macht also die Käufer nachgiebiger, gefügiger. Die Verkäufer aber macht sie hartnäckiger, widerstandsfähiger. Wir haben zu Anfang dieser Abhandlung bei der Betrachtung des Preisbegriffes es als selbstverständlich bezeichnet, daß jemand, der etwas erlangen will, mehr hingibt, wenn die Schwierigkeit, die er zu überwinden hat, größer ist, und weniger, wenn diese Schwierigkeit geringer ist. Letzteres trifft hier für die Verkäufer zu; sie wissen, daß es nicht allzu schwer ist, sich Geld zu verschaffen, und halten daher um so mehr mit ihren Waren zurück. Hierauf hauptsächlich läßt sich die auf seiten des Geldes liegende Ursache der Warenpreissteigerung zurückführen.

Wenn auch heute die Lage auf dem Geldmarkte viel komplizierter als früher ist und einen Vergleich mit früheren Zeiten nicht zuläßt, so läßt sich doch mit einiger Gewißheit feststellen, daß auch schon in vergangenen Jahrhunderten die geringere Schwierigkeit der Beschaffung von Metallgeld, das einst fast ausschließlich als Geld in Frage kam, das Geld entwertet und somit die Preise der Waren gesteigert hat. Diese geringere Schwierigkeit der Beschaffung beruhte einst hauptsächlich auf einem plötzlich über die Nachfrage hinaus vermehrten Angebot von Geld, das durch die Auffindung reicher Edelmetallager, aber auch durch andere Momente verursacht war. So ging in Griechenland schon in dem Jahrhundert nach dem Peloponnesischen Kriege der allgemeinen Teuerung die Verausgabung des Perikleischen Schatzes und das Einbeziehen der vom Perserkönig gezahlten Unterstützungsgelder in den Münzenumlauf voraus; ähnlich verhielt es sich im alten Rom mit dem Geldzufluß der ägyptischen Kriegsbeute und in Deutschland nach dem Kriege

1870—1871 mit dem französischen Milliardensegen. Im 16. Jahrhundert sind es vor allem die Entdeckungen der Minen von Potosi und der mexikanischen Silbergruben, die zu einer plötzlichen reichen Vermehrung des Metallgeldes geführt haben. Ihr parallel ging eine Verteuerung vor allem der Lebensmittel und des Getreides von 200 bis 300 %.

Am deutlichsten aber weist die Zeit nach 1852 auf den Zusammenhang zwischen Geldvermehrung und Warenpreissteigerung hin. Während man den Durchschnitt der jährlichen Goldgewinnung der ganzen Erde im Jahre 1846 noch auf etwa 90 000 Pfd. berechnete, betrug dieser in der Zeit zwischen 1853 und 1862 etwa 375 000 Pfd., also mehr als das Vierfache. Die Ursache war die Auffindung der großen Goldlager in Kalifornien 1847 und in Australien 1851. Es kann kein Zufall sein, daß sich die allgemeine Teuerung zuerst im Jahre 1852 in England bemerkbar machte und von dort nach dem Festlande, zunächst nach Frankreich, dann nach Deutschland und schließlich weiter nach dem Osten vordrang[1]. Diesen Weg, den die Teuerung um die Mitte des 19. Jahrhunderts durch die zivilisierte Welt nahm, muß man vielmehr als deutlichen Beweis dafür auffassen, daß das Steigen der Warenpreise eine Folge der plötzlichen Vermehrung des Edelmetalles und Metallgeldes war. England war damals die erste Macht der Welt, die den überseeischen Handel beherrschte. Durch ihren gewaltigen Exporthandel mit Industriewaren brachten die Engländer das neue Edelmetall zunächst in ihr Land; erst durch den Handel mit England, auf den damals insbesondere auch Deutschland noch sehr stark angewiesen war, kam auch ein Teil dieses Überschusses an Edelmetall und Metallgeld nach Deutschland und mußte, da mit dieser rapiden Verstärkung des Angebots eine entsprechende Vergrößerung der Nachfrage nach Bargeld nicht Hand in Hand ging, die auch tatsächlich eingetretene Wirkung haben.

Wie schon erwähnt, ist diese auf seiten des Geldes beruhende Entwertung des Geldes für den ganzen Bezirk, in dem die Schwierigkeit der Beschaffung von Bargeld geringer geworden ist, eine generelle, ebenso wie die auf seiten der Waren beruhende Entwertung des Geldes für den Bezirk, in dem die zum Konsum benötigten Waren teuer geworden sind. Hiermit steht absolut nicht im Widerspruch die sowohl aus früheren Zeiten als auch jetzt zutage tretende Tatsache, daß bei dieser infolge geringerer Beschaffungsschwierigkeit eingetretenen Entwertung des Geldes nicht alle Waren gleichmäßig im Preise gestiegen sind, sondern die einen mehr, die andern weniger; noch andere sind vielleicht sogar billiger geworden. Denn der Preis der

---

[1] Neumann a. a. O. S. 23/24.

Waren hängt nicht allein vom Werte des Geldes, sondern zu gleicher Zeit vom Werte der Waren und den auf ihrer Seite liegenden anderen Bestimmungsgründen (z. B. Produktionskosten usw.) ab. Ist z. B. der Wert des Geldes gesunken, gleichzeitig mit ihm aber auch der Wert oder die Produktionskosten einer bestimmten zum Kauf begehrten Ware, so wird ihr Preis nicht um den entsprechenden Prozentsatz steigen, um den das Geld entwertet ist, sondern um einen geringeren Betrag; eventuell wird die betreffende Ware sogar trotz der Geldentwertung infolge ihrer Wertminderung oder aus ähnlichen Gründen billiger werden. Während z. B. in unserer heutigen Zeit die Herstellungskosten der Fabrikwaren die Tendenz haben, geringer zu werden, sind diese bei den Lebensmitteln hauptsächlich und bei den Wohnungen in ständigem Steigen begriffen. Auch das Verhältnis von Angebot und Nachfrage verschiebt sich bei diesen letzterwähnten Waren immer mehr in einem für den Konsumenten ungünstigen Sinne. Daher ist die Preissteigerung dieser Waren aus doppeltem Anlaß verursacht und um so größer bei der allgemeinen Geldentwertung, während die Wirkung letzterer bei anderen Waren, insbesondere den Fabrikaten, ganz oder teilweise aufgehoben wird.

Wir haben schließlich auch erkannt, daß der Wert des Geldes nicht allein von der Schwierigkeit seiner Erlangung, d. h. von den auf seiten des Geldes liegenden Ursachen, sondern zu gleicher Zeit von der Höhe der Preise derjenigen Waren abhängt, auf deren Konsum wir angewiesen sind. Je bringender wir auf den Erwerb einzelner Waren angewiesen sind, je gefährlicher ist für uns jede Preissteigerung derselben. Während bei einer Verteuerung entbehrlicher Waren uns dieselbe Summe Geldes doch noch in den Stand setzt, die gleichen Lebensbedürfnisse wie früher zu befriedigen, ist die Verminderung ihrer Kaufkraft natürlich um so größer, je notwendiger und je öfter wir zum Erwerb der verteuerten Waren gezwungen sind. Da nun aber für jeden Menschen die Lebensmittel und die Wohnungen zum täglichen Bedarf gehören, so ist ihre mit dem Fortschreiten jeder Kultur erklärliche und häufig noch durch besondere Momente — wie wir sie für unsere Zeit oben betrachtet haben — verursachte Verteuerung in ganz hervorragender Weise an der zunehmenden Entwertung des Geldes und infolge der mehrfach erwähnten Wechselwirkung an der weiteren Verteuerung aller Waren schuld.

Diese Entwertung des Geldes verteuert nun nicht nur die Waren, sie verteuert auch das Geld. Nicht nur der Warenhändler muß zusehen, daß er zur Befriedigung der gleichen Lebensbedürfnisse größere Summen erwirbt, der Geldhändler sieht sich in die gleiche Lage versetzt. Hieraus erklärt es sich, daß parallel mit der Warenteuerung ein durch die Geldentwertung gleichfalls verursachtes ständiges Steigen des Geldzinsfußes geht. Da aber die Höhe dieses Zinses selbst bekanntlich bei den Herstellungskosten der Waren eine bedeutende Rolle spielt, so erkennen wir auch an dieser Stelle wieder die perpetuum mobile-Bewegung in der Preissteigerung, in der eins das andere treibt.

So haben wir nun das Wesen der Teuerung und ihre Ursachen uns vor Augen geführt und sind zu der Erkenntnis gekommen, daß, so mannigfach und mannigfacher Natur auch diese Ursachen sein mögen, sie doch alle in einem einzigen Punkte zusammenlaufen, nämlich in der Entwertung des Geldes. Aus welchem Grunde die Warenpreise immer auch steigen mögen, — jede Preissteigerung hat eine Entwertung des Geldes zur Folge, und zwar in um so erhöhtem Maße, um je notwendigere Waren für die Befriedigung unserer Lebensbedürfnisse es sich handelt. Desgleichen hat jede Verringerung der Schwierigkeit der Beschaffung von Bargeld ebenfalls eine Entwertung des Geldes zur Folge. Und — aus welchem Grunde auch das Geld entwertet sein mag, — jede Entwertung hat wiederum die Tendenz, die Warenpreise zu steigern. Diese seltsame Wechselwirkung, in der wir tatsächlich die Kräfte jenes in der Welt der körperlichen Materie nie herstellbaren perpetuum mobile erblicken, nimmt uns auch jede Hoffnung, dieser fortschreitenden Entwertung des Geldes mit Erfolg entgegentreten zu können. Augenblicklichen Notständen, wie sie bisweilen durch den Ausfall der Ernten entstehen, können wir abhelfen. Sowohl dem Staate wie auch den Gemeinden stehen mannigfache hier nicht näher zu erörternde Mittel zur Verfügung, zu verhindern, daß solche infolge ungewöhnlicher Wirtschaftszustände gesteigerten Warenpreise die Existenz ihrer Bürger gefährden. Aber die Teuerung, mit der wir uns im Vorstehenden hauptsächlich beschäftigt haben, ist kein außergewöhnlicher, sondern ein nur allzu natürlicher Wirtschaftszustand. Gegen ihn gibt es nur ein einziges wirklich wirksames Mittel: die entsprechende Vergrößerung der Geldeinnahmen des Konsumenten. Auf jeden Fall wird dieses Mittel solange das einzige bleiben, solange wir uns nicht von der heutigen Geldwirtschaft losgesagt haben. Dieser natürliche Wirtschaftszustand, in dem die Geldeinheit mehr und mehr an Kaufkraft einbüßt, ist innig verbunden mit der fortschreitenden Entwicklung jeder Kultur. Den Beweis für diese Behauptung liefert uns nicht nur die Gegenwart — in den Kulturstaaten Europas, hauptsächlich aber in Frankreich, Belgien und Österreich ist die Preissteigerung fast eben so groß wie in Deutschland, wenn nicht in mancher Beziehung noch größer —, schon das

Altertum hat in seinen beiden Hauptkulturstaaten, Griechenland und Rom diese Erfahrung bestätigt[1]. Sehen wir genauer zu, so sind es dieselben, oder jedenfalls ähnliche Ursachen, damals wie heute, die uns das Gespenst der Teuerung heraufbeschwören. Und wenn etwas von uns heute zur Bekämpfung der Teuerung zu geschehen hat, so ist es im großen und ganzen falsch und zwecklos, — abgesehen natürlich von augenscheinlichen Mißständen in unserer Volkswirtschaft — sich gegen diese Ursachen zu wenden; denn wir wollen doch nicht der Kultur entgegenarbeiten, sondern mit ihr mitgehen!

---

[1] Neumann a. a. O. S. 33.

Printed by Libri Plureos GmbH
in Hamburg, Germany